의자놀이

공지영의 첫 르포르타주, 쌍용자동차 이야기

공지영의 첫 르포르타주
쌍용자동차 이야기

의자놀이

공지영 지음

Humanist

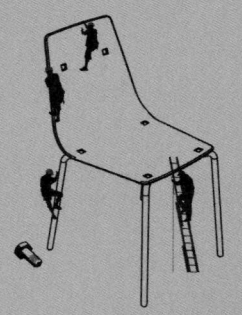

머리말

사람이어서, 사람이기 때문에

처음으로 문학이 아닌 책을 썼다. 르포르타주라고 했지만 그냥 이 시대를 살아가며 해고자들과 함께 아파했던 한 작가의 사실 에세이라고 보아주면 좋겠다. 최대한 쉽게 설명하려고 노력했지만 그들이 싸워야 할 대상이 너무 정교할 만큼 복잡했고, 그들이 겪은 일들이 너무 아파서 참으로 많은 밤을 끙끙거렸다.

만일 이 사건을 소설로 썼다면 전체적인 윤곽을 잡은 후에 그 주제를 향해 이야기를 지어내면 될 일이지만, 어디까지나 사실을 바탕으로 한 글이었기에 숫자 하나의 표기에도 진땀이 흘렀다. 내가 그 파업에 가담한 것이 아니어서 모든 것은 자료와 증언에 의존했다. 그렇다 해도 혹여 틀린 사실이 있다면 그것은 온전히 나의 책임이리라.

자료를 조사하고 인터뷰를 하고 원고를 써내려가면서 많이 울었다. 후회한 적이 없었다면 거짓말이리라. '왜 언론인도 아니고 내가?'라는 생각에 억울하다는 마음도 있었다. 그런데 어느 날 참석했던 평택역 앞의 거리 미사…… 신부님이 말씀하셨다. "부디 부탁 드립니다. 사람은 자본이나 기계, 원료 같은 경영의 한 요소가 아닙니다. 사람은 사람이기 때문입니다."

그때 앞자리에 앉아 있던 그녀와 내가 동시에 눈물을 터뜨렸다. 해고 노동자의 아내이면서 세 아이의 엄마인 그녀, 유독 아빠를 좋아하는 아이들이 대한문 앞에 농성하러 가는 아빠와 떨어지기 싫어서 며칠에 한 번씩 울며 전쟁을 치른다고……. 선하게 웃다가 불현듯 터지던 그녀의 눈물이 나로 하여금 잠들지 못하게 했고, 이 악물고 책상 앞에서 어떻게든 써내려가게 했다. 그녀가, 그 아이들이 그만 울었으면 좋겠다는 생각뿐이었다.

이 책의 수익금은 전액 기부된다. 아마도 거의 모두가 쌍용자동차 해고자들과 그 가족들을 위해서, 그리고 그들이 원한다면 다른 해고자나 고통받는 노동자들을 위해서 쓰일 것이다. 원고를 써서 먹고산 지 25년 남짓, 이제는 원고료를 받지 않으면 일기도 쓰지 못할 정도로 노회한(?) 나이지만, 이 모든 것을 그들에게 온전히 돌린다는 생각이 들어 기쁨에 넘쳤다. 신기한 체험이었다. 그리고 그들이 그랬듯 나도 말하고 싶다.

함께 살자, 함께!

2012년 7월
공지영

차례

머리말
사람이어서, 사람이기 때문에   5

7분간의 구조요청   13
13번째 죽음   17
그날 이후, 그들은 삶의 끈을 놓았다   22
외상 후 스트레스 증후군   32
이 사회가 정상일까?   39
22번째 죽음   51
대체 그들에게 무슨 일이 일어났던 것일까?   58
음모의 시작, 해고와 기술 이전   63
회계 조작, 그리고 2,646명에 대한 사형선고   71
유령처럼 스며든 명단   86
의자놀이   92
파업, 그리고 32시간의 첫 충돌   100

인간의 인간에 대한 환멸 108
수면가스, 헬기, 그리고 철저한 고립 112
인간사냥 121
무법천지, 그리고 학살 131
죽은 자 vs. 살았으나 서서히 죽는 자 140
사회가 우리보고 죽으라 한다 146
풀잎에도 상처가 있다 157
함께 살자, 함께! 165

고맙습니다 173
함께합시다! 176
쌍용자동차, 그날의 기록 178

출처 및 참고자료 206

정의는 그 안에 분노를 지닌다.
정의에서 나오는 분노는 진보의 한 요소가 된다.
— 빅토르 위고, 《레미제라블》 중에서

일러두기 | 이 책에서 쓴 22명의 희생자의 이름은 가명임을 밝힙니다.

7분간의 구조요청

2012년 4월 1일 일간신문 한 귀퉁이에 살인사건에 대한 기사가 실렸다. 한 여성이 납치된 후 범인이 화장실에 간 사이 112에 신고했으나 경찰이 신속하고 적절하게 대처하지 못해 결국 죽음에 이르게 된 사건이었다. 경찰은 그녀의 발음이 불분명하고 그녀가 와달라는 곳의 위치가 정확치 않다는 이유로 계속 질문을 던졌다. 그사이 범인은 여자가 경찰에 신고한 것을 눈치채고는 잔인하게 그녀를 살해하고 시체까지 유기했다. 나중에 문제가 불거지자 경찰은 단순 성폭행인 줄 알았다고 했다.

그런데 이튿날 밝혀진 바에 의하면 그녀가 걸었던 신고 전화는 범인이 눈치챈 후로도 끊어지지 않고 약 7분 동안 계속되었다고 했다. 그것은 경찰청의 녹취록에 고스란히 보관되어 있다. "(신고를 한 건) 잘못했다. 살려달라."는 애원, 끔찍한 비명, 거친 테이프 찢는 소리 등이 7분 동안이나 흘러나왔던 것이다. 경찰은 그에 대해 부부싸움을 하는 소리인 줄 알았다고 다시 변명했다. 그녀가 그렇게 죽어가는 7분 동안 경찰은 그 상황을 생방송으로 듣고 있었던 셈이다.

　실제로 죽어가던 그녀의 목소리가 단순한 부부간의 말다툼으로 착각할 만큼 그렇게 절절하지 않았단 말일까? 그리고 아무리 부부싸움이라 해도 그렇게 비명을 지르고 애원하는데 통화를 시도해보려는 노력조차 하지 않았단 말인가? 그 여성이 느꼈을 절망감을 생각하면 가족의 분노가 아무리 커도 다 이해할 듯하다. 그리고 한밤중에 그런 소리를 듣고도 시신이 발견될 때까지 아무 조치도 취하지 않았던 경찰의 무신경이 두렵고 놀라울 뿐이다.

　7분. 당신은 7분을 어떻게 헤아리는가? 짧을 수도, 길 수도 있는 시간일 것이다. 만일 그 공포의 7분, 죽음과 삶의 7분을 느끼고 싶으면 지금부터 숨을 가다듬고 시계를 들여다보라. 그리고 7분을 느껴보라. 누군가가 죽어가면서, 그것도 아주 고통스럽게 죽어가면서 그 7분 동안 당신에게 구조요청을 한다고 생각해보라. 당신은 어떤 느낌이 들 것 같은가? 하던 일을 마저 하거나, 점심식사 후 이를 더 열심히 쑤시거나 인터넷으로 평소 필요했던 물품을 검색하거나 할 수 있는가? 아마도 많은 사람이 그럴 수 없다고 대답할 것이다. 그리고 사실 그렇다. 그러나 경찰은 별다른 조치 없이 태연히 그 소리를 듣고 있었다. 그렇다면 경찰은 특별히 무감각한 사람들이었던가? 며칠 후 조현오 경찰청장은 이 사태의 책임을 지고 사퇴했다. 당연한 일이었다.

1970년 11월 13일, 스물두 살의 한 남자가 자신의 몸에 불을 붙이고 그 끔찍한 고통 속에서 외친다. "근로기준법을 준수하라!" "우리는 기계가 아니다!" 그는 쓰러진 후에도 입술을 다물지 않았다. "우리는 기계가 아니다!" "우리는 기계가 아니다!!"

나는 10여 년 후 스무 살 무렵 《전태일 평전》을 읽으며 그를 만났다. 평화시장의 끔찍하고 열악한 작업 환경과 영양실조로 죽어가던 소녀들, 관리자들의 손찌검과 비인간적 대우, 하루 16시간을 일해도 끼니를 이을 수 없었던 낮은 임금. 이들의 실상을 알리려 여기저기 진정도 하고 뛰어다녀보지만 돌아오는 것은 무관심과 냉대뿐, 전태일은 이에 항의해 마지막 수단으로 분신이라는 방법을 택한다.

그 사건이 우리 사회와 역사에 던진 충격은 이루 말할 수 없이 컸다. 근로기준법을 독학하다가 너무 많은 한자와 너무 많은 전문용어에 부딪히게 되자 일기에 쓴 "이럴 때 내가 대학생 친구가 한 명이라도 있으면 얼마나 좋을까?"라는 구절 하나 때문에 당대의 수많은 대학생이 가슴을 치며 어린 전태일들을 구하기 위해 노동자가 되어 떠났다. 자신의 동지이자 자신을 가장 사랑하고 자신의 뜻을 잘 이어갈 어머니 이소선 여사는 전태일의 마지막을 이렇게 회상했다.

"기도가 다 타들어가서 녹아 붙어버렸는지 태일이가 숨이 막혀서 말을 못하는 거야. 의사 선생님이 태일이 목을 칼로 쫙 그었어. 마취도 없이. 온 몸에 너무 고통이 심해서 그런 고통은 느끼지도 못하는 거야. 갈라진 기도로 피가 쿨럭쿨럭 쏟아지는데 태일이가 말했지. 엄마, 잘 들어. 난 우리 노동자들 위에 드리워진 저 컴컴한 하늘에 겨우 구멍을 냈어, 겨우……. 이제 나머지는 엄마랑 다른 사람들이 해줘야 해. 푸른 하늘을 볼 수 있게. 숨 쉴 수 있게……. 그러곤 곧 태일이는 눈을 감았어."

그의 죽음은 온 사회를 뒤흔들었고, 생각 있는 자들의 양심을 아프게 찔렀으며, 모든 상식 있는 사람들에게 한 번쯤 잘 산다는 것과 진정 산다는 것의 차이를 돌아보게 했다. 그게 벌써 40여 년 전의 일이다.

13번째 죽음

2011년 겨울 어느 날, 나는 이런 사연을 접하게 되었다.

쌍용자동차에서 해고된 임성준 씨의 부인은 해고가 확정된 후 일 년도 채 안 된 2010년 4월 25일 저녁 남편에게 전화를 걸었다. 보고 싶으니 빨리 집으로 와달라는 것이 용건이었다. 쌍용자동차 해고자, 정확히 말하면 무급휴직자인 임성준 씨는 일용직과 아르바이트를 하며 회사가 약속한 대로 일 년 후에 이루어질 복직을 기다리고 있었다.

평택은 좁은 지역이었다. 같은 아파트에도 같은 회사를 다니는 사람들이 여럿 있었고, 당연히 아이들도 같은 학교에 다니고 있었다. 전체 노동자의 37%, 현장노동자의 거의 절반을 해고한다는 발표가 있은 다음 쌍용자동차는 물론 온 평택 시내에는 누가 그

대상이 될 것인지에 대한 풍문이 떠다녔다. 안정된 평택의 중류층이었던 그들은 전쟁터의 피난민처럼 불안에 떨게 되었다.

임성준 씨의 아내 서미영 씨는 남편이 파업에 참가하기 위해 집을 떠난 후 눈에 띄게 우울해져 갔다. 남편을 두고 평소에 친자매처럼 지내던 이웃들이 "배부른 노동자, 이기적인 사람들, 빨갱이! 강성!"이라고 수군거린다며 사람도 피하고 집에만 머물렀다. 텔레비전에서는 날마다 쌍용자동차 사태를 보도했다. 화면 속에서는 연약하고 가진 것 없는 민주경찰이 중무장한 악랄한 노조원들에게 쫓기고 얻어맞고 있었다. 신문들은 '소수의 이익을 위해 모두를 죽일 것인가?', '외부세력 개입 확인' 등과 같은 커다란 활자를 아침마다 배달했다.

가끔 연결되는 전화 통화에서 남편은 "나는 잘 있으니 당신도 애들하고 마음 굳게 먹고 잘 견뎌."라고만 했다. 하지만 시댁은 시댁대로 친정은 친정대로 뉴스만 보면 전화를 걸어와 "애비 어서 나오게 해라."라고 압력을 넣었다. 남편에게 들을 때는 남편이 옳은 것 같았는데 남편을 제외한 모든 사람은 노조가 나쁘다고 했다. 자신은 솔직히 남편만큼 그들을 설득하며 이야기할 자신도 없었다. 그렇게 77일이 지나갔다. 그녀는 혼자서 이 모든 것을 견뎌야 했다. 남편은 생사조차 알 수 없는데 텔레비전에서는 날마다 쌍용자동차 파업자들로 인해 나라가 망할 것처럼 떠들고 있었다. 서미영 씨는 누구에게도 하소연하지 못한 채 창문을 굳게 걸어 잠

그고 말을 잃어갔다. 그렇게 파업이 끝났다.

　남편은 무급휴직자가 되어 집으로 돌아왔다. 모든 것이 바뀌어 버렸다. 남편은 평소처럼 아침 일찍 일어났으나 갈 곳이 없었다. 그래도 아침을 먹고 난 그는 "다녀올게."라는 말을 남기고 나갔다. 어디 일용직에라도 나가는 모양이었다. 그러나 가지고 들어오는 돈은 생활비로는 너무 적었다. 적금을 깨고, 보험을 해약하고, 오래되어 몇 푼 받지 못하지만 차를 팔고, 아이들 돌 반지, 결혼 때 받은 목걸이까지 팔았다. 그래도 돈은 모자랐다. 그러나 문제가 돈만이라면 어쩌면 견딜 수 있었을지도 모른다. 실은, 아무 희망이 없었다. 아내도 남편도 아이들도 말이 더 적어져 갔다. 남편은 대개는 술에 취해 들어왔고, 가끔 화장실에서 흐느끼는 소리가 들려왔다.

　그날 서미영 씨는 남편에게 전화를 걸어 오늘 일찍 들어와 달라고 부탁을 했다. 평소에 말수가 적던 아내가 보고 싶다는 말을 하자 임성준 씨는 서둘러 집으로 돌아왔다. 아내는 평범하게 그를 맞았다. 아무것도 특별할 것 없는 일상의 풍경이었다. 다른 점이 있다면 아무 표정이 없는 아내의 눈길이 평소보다 약간 더 길게 남편에게 머물러 있었다는 것 정도일까? 약간 겸연쩍어진 임성준 씨는 옷을 갈아입으러 안방으로 들어갔다. 아이들은 거실에서 텔레비전을 보고 있었다. 서미영 씨는 무심한 걸음걸이로 베란다로 다가가 문을 열고 그대로 앞으로 나갔다. 그녀의 몸은 허공에서 한 바퀴를 돌아 아파트 아래 콘크리트 바닥으로 떨어졌다. 삶과 죽음 사이, 아무리 평소에 자살을 연습했던 사람이라 해도 한순간쯤은 망설일 그 간격을 그녀는 풀쩍 뛰어넘었다. 마치 오래전부터 거기에 다른 방이 있었다는 듯 스스럼없는 몸짓이었다. 그래서 아이들도 베란다로 나가는 엄마를 빤히 보면서도 전혀 이상하게 생각하지 못했다. 그 아이들의 눈앞에서 엄마는 아무 망설임도 없이 몸을 날려버린 것이었다.

그로부터 채 일 년이 지나지 않은 2011년 2월 26일 아침, 아이들은 언제나 일찍 일어나 밥을 챙겨주던 아빠가 늦잠을 자는 것을 이상하게 생각하고 방문을 열었다. 아빠는 엎드린 채였다. 어제도 아빠는 공사장에서 막노동을 하고 왔다고 했다. 아빠는 엄마가 그렇게 떠난 후 어떻게든 아이들 앞에서 눈물을 보이지 않으려고 애썼다. 없는 돈이었지만 아이들을 데리고 심리치료도 받으러 다녔다. 어떻게든 상처를 딛고 살다 보면 회사가 다시 정상화되어 약속한 복직을 시켜줄 거니까 힘내자고 남매에게 말하던 아빠였다. 일 년을 기다리고 다시 일 년을 기다려도 회사는 약속했던 복직은 시켜주지 않고 있었다. 취직도 될 리 없었다. 아직 신분상 쌍용자동차 노동자니까 말이다. 그런 아빠가 너무 가여워서 남매는 먹고 싶은 것도, 사고 싶은 것도 참으며 지나치게 빠른 속도로 어른이 되어가고 있었다. 아빠가 피곤한가 싶어 더 자게 내버려두고 싶었지만 무언가 이상한 느낌이 들었다. 딸은 아빠의 등에 손을 댔다. 아빠의 등은 벌써 딱딱하게 굳어 있었다.

　임성준. 쌍용자동차 무급휴직자. 44세. 열일곱, 열여섯 살 남매는 그 일 년 사이 그렇게 고아가 되었다. 아빠가 남기고 간 통장의 잔액은 4만 원……. 150만 원의 카드빚 청구서도 아빠의 죽음 뒤에 날아왔다. 쌍용자동차 정리해고가 시작된 이래 13번째 죽음이었다.

　내가 쌍용자동차 문제를, 살려달라는 '7분'의 외침을 처음 바라보게 된 것은 이 고아가 된 남매의 소식을 트위터로 접한 후의 일이다.

그날 이후, 그들은 삶의 끈을 놓았다

정신건강 컨설팅 기업 마인드프리즘 대표인 정신과 의사 정혜신 박사가 평택으로 달려간 것도 그즈음이었다. 이렇게 고아로 남은 남매의 사연을 듣고는 더는 견딜 수 없었다고 했다. 이들은 전쟁이나 대형사고 같은 것을 겪고 난 후에 모든 사람이 겪는 '외상 후 스트레스 증후군'을 앓고 있는 게 분명했으며, 그대로 뒤었다가는 이 죽음의 행렬을 도저히 막을 수 없다는 비극적인 예감 때문이었다.

그래서 정혜신 박사는 평택으로 향했다. 거기에서 만난 노동자들은 스스로의 슬픔에 지쳐 입을 열기 힘겨워했다. 정혜신 박사가 조심스럽게 첫마디를 건넸다.

"진작 왔어야 하는데, 이렇게 늦게 와서 정말 죄송합니다."

잠시 침묵이 흘렀다. 그러다가 누군가 흐느끼기 시작하자 현장은 순식간에 울음바다가 되었다. 그러고 나서 마치 엄마에게 하듯이 그들이 입을 열기 시작했다. 해고니 노동이니 노조니 해방이니 하는 단어들이 아니라 마음의 언어를 사용해서 말이다.

"경찰이 헬기를 타고 들이닥치는데, 정말 무서웠어요. 솔직히 도망하고 싶었습니다."

"해고된 뒤 애들한테 막 큰소리 내고, 어떤 때는 막 매를 들기도 하고, 그렇게 하고 나서 후회를 많이 합니다. …… 순간순간 통제가 잘 안 됩니다."

아빠들이 먼저 입을 열었다. 아내를 위해서 아이를 위해서 약한 모습을 보이는 것은 죄악이라고 생각했던 그들이었기에 아내들의 놀라움은 더 컸다. 물론 평소 과묵하던 사내들도 서로에게 놀라고 있었다. 그들은 서로를 씩씩하고 굽힘 없는 노조 간부로만 알고 있었기 때문이다. 그런 남편들 앞에서 눈물과 울음을 꾹꾹 삼키고 아프다는 말 한마디조차 조심스러웠던 아내들의 울음소리도 커져갔다.

"아이들에게 미안했어요. 파업 현장 밖에서 도시락을 먹으려고 하는데 헬기가 우리를 향해 왔어요. 순식간에 아이의 입에 모래가 한가득……. 아이는 아직도 화장실에서 볼일을 보고 물을 내리지 못합니다. 물 내려가는 소리가 헬기 소리랑 너무 비슷하기 때문에……."

"저희 아이도 선풍기 돌아가는 소리를 견디지 못합니다. 헬기 소리와 비슷하다고…….."

부모로서 아이들 때문에 왔다던 이 해고 노동자들은 스스로도 깊은 상처로 인해 마음이 곪아가고 있다는 것을 알게 되었다.

"좀 큰 아이들은 상대적으로 나을 줄 알았죠. 네가 어린 동생들을 보호해야 한다고 야단쳤어요. 그런데 그 아이들도 파업 당시 학교에 가면 '아빠가 쌍용자동차에 다니는 사람 손들어 봐. 없어? 그러면 다행이다. 다 빨갱이들인데.' 라는 선생님의 말을 숨죽이고 들어야 했던 거예요. 집에 오면 아무도 없지, 누구도 설명해주지 않지, 아이들도 너무 힘들었던 거예요."

서로가 상처를 감춤으로써 서로를 위한다고 생각했던 가족들은 약함을 드러내는 것이 사랑임을 알게 되었다. 그것이 소통이자 서로에 대한 이해라는 것도.

그렇게 눈물의 강은 흐르면서 갈라 터져 있던 사람들의 마음을 적셨다. 눈물의 강은 마르지 않았다. 통곡의 강은 실은 아직도 흐른다. 평택에는 올여름 가뭄에도 마르지 않는 눈물의 강이 시퍼렇게 흐르고 있다.

한 노동단체가 쌍용자동차 해고자와 무급휴직자, 즉 그날 이후 회사에서 쫓겨난 사람 2,646명 중 193명을 대상으로 조사한 바에 의하면, 조사 대상자의 30%가 우울증을 앓고 있으며, 50%가 고도의 우울증을 앓고 있다. 80%가 이미 심각한 스트레스에 시달리고 있는 것이다. 우울증이라는 것은 그냥 '오늘 기분이 우울하다.' 정도의 증상을 말하는 것이 아니다.

정혜신 박사가 쌍용자동차 해고자들을 위해 문을 연 와락 센터가 발표한 사례 보고서는 참가자들의 육성을 통해 이들이 얼마나 삶에 좌절하고 있는지 보여주고 있다. 정혜신 박사가 건네준 자료를 읽고 나 역시 커다란 충격을 받았다. 이들은 그래도 치료를 받기 위해 모여들 정도로 건강한 사람들인데도 말이다.

"남편은 소파에 있고 나는 안방에 있었는데, 내내 울다가 어느 순간 보니까 제가 옷장에서 남편 넥타이를 꺼내서 묶고 안방 쓰레기통을 뒤집어서 그 위에 올라가 목을 매고 있더라고요. 조금만 늦었으면 지금 이 자리에 없었을 수도 있죠."

"8층 베란다가 어느 순간부터 높이감도 별로 없는 거 같고, 이렇게 봐도 죽을 거 같지 않고. 이 8층이라는 높이감이 예전보다 확 줄어든 거죠. 아래를 내려다보며 내가 여기서 뛰어내리면 나 걸러 줄 나무도 없네…… 이런 생각도 들고."

"특히 술 먹으면 그래요. 지난번에 한번 술 먹고 몸에 휘발유랑 다 부은 적이 있었어요. 지금 내가 이렇게까지 살아야 되나 하는

그날 이후, 그들은 삶의 끈을 놓았다

생각이 자꾸 들고……."

"어느 날 자다가 꿈을 꿨는데 꿈에서 제가 자살을 하는 거예요. 그게 꿈인데 제가 우는 거예요, 자면서. (길게 울음)"

"아침에 눈뜨고 막 채비를 하는데 사람이 떨어졌다는 소리를 들으니까 가슴이 철렁하더라고요. 아, 내 남편일 수도 있겠구나 싶으니까 가슴이 철렁하더라고요. 누가 떨어졌지? 확인하려 인터넷에 들어가 보고, 전화하고, 확인을 한 후에, 그러면 안 되는데 안도가 되는 거예요. 내 남편이 아니라는 사실이. 그러면 안 되는데……. 그래서 그분한테 되게 미안했어요. 그래서 그분이 병원에 실려갔다는 얘기를 듣고 그 병원으로 갔어요. 아무것도 할 수 있는 게 없었지만 그냥 병원에 그러고 있었어요, 그냥."

"평탄하게, 아주 행복하게 살고 싶었는데, 이제까지 그렇게 살았는데, 어느 순간 이 파업으로 인해 내 가정이 무너지고 있는 것 같은 느낌. 내가 아주 평범한 사람인데 어느 순간 내가 죽음을 생각하고 있고, 어느 순간 내가 목매달고 있고……. 이거 못 견디겠어요."

"얼마 전에 조합원 두 명이 잇달아 자살하셨잖아요. 그때 남편이 아침에 그 소식을 들으면서 전화기를 잡고 울더라고요. 파업이 끝나고 남편이 우는 것 처음 봤어요. 심지 있게 제자리를 지키고 가장으로 아빠로 잘 버티는구나 이렇게 믿고 있었는데, 우리 남편 우는 걸 보니까 너무……. (흐느낌) 저도 뭐라고 해야 되나, 불안하다고 해야 하나?"

"저는 만날 무슨 내가 벗어놓은 빨랫감인 거 같아요. 퇴근하고 오면 어쩔 수 없이 애들 저녁 해 먹이는 거 말고는 아무 것에도 기가 없어요. 그냥 빨랫감처럼 쓰러져 자고 출근 시간 되면 시계처럼 일어나서 나가고. 이렇게 어쩔 수 없이 출근하고 와서 밥 먹고 그 외에는 아무것도 할 수 없는 게 저는 너무 이상한 거예요. 그 외에는 아무것도 할 수가 없어요."

"진짜 저는 쌍용 다니는 사람들과 엘리베이터 그 몇 초 같이 있는 것도 되게 불편해요. 뭔가 잊고 온 게 있는 것처럼 돌아나가서 같이 안 타고 그래요. 그 사람들의 공간 안으로 내가 섞여 들어갈 수 없다는 생각이 자꾸 드는 거예요. 제 얘기를 공감해줄 수가 없고, 저도 공감해달라고 얘기하긴 부담스럽고."

"가족끼리 만나서 주말에 놀고 밥 먹고 휴가도 같이 다니고 그랬는데, 시댁이고 친정이고 가족 어느 누구도 애기 아빠를 편들어주는 사람이 없는 거예요. 네가 왜, 네가 그런다고 달라지지 않는다, 세상이 변하지 않는다……. 애기 아빠는 조금이라도 목소리를 내야 오래 걸려도 조금씩 달라진다는 신념을 가지고 있는데, 가족 어느 누구도 결과는 달라지지 않는다, 이런 식인 거예요."

"파업 때 남편 아는 사람이 자신을 향해 새총을 겨누고 있었대요. 그 생각만 하면, 그 얘기만 하면 자꾸자꾸 눈물이 난다고 하더라고요. 아, 얼마나 무섭고, 얼마나 기가 막혔을까."

"우리 애들한테 제가 폭력을 행사합니다. 감정이 앞서면서 가끔씩 그런 게 나타나거든요. 그게 제일 두렵습니다. 솔직히 해고된 뒤 애들한테 막 큰소리 내고, 어떤 때는 막 매를 들기도 하고. 그렇게 하고 나서 후회를 많이 합니다. 이래선 안 되겠다는 생각을 많이 하면서도 순간순간 통제가 잘 안 됩니다."

이것은 중증 환자들이 모인 정신병원에서 기록된 것이 아니다. 어제까지 평택 시내에서 두터운 중류층을 이루던 쌍용자동차 노동자들과 그 가족의 이야기이다. 나는 아무것도 이해할 수 없었다. 해고가, 실직이, 파산이, 그래, 인간에게 엄청난 충격을 준다 해도 어떻게 집단으로 이 지경까지 갈 수가 있단 말인가. 실제로 거기 모인 사람들은 자신뿐만이 아니라 겉으로는 평온을 유지하는 듯 보였던 이웃과 동료들도 같은 증세를 앓고 있다는 것을 알고 정혜신 박사보다 더 깜짝 놀랐다고 했다. 그것은 그저 자신의 나약한 성격적 결함이라고만 알고 있었던 것이다.

인간이 겪을 수 있는 한계의 극치를 경험한 모든 사람이 그렇듯 그들은 심각한 부분적 기억장애를 앓고 있었다. 분명 그날들이 잊히지 않는데 실은 기억도 잘 나지 않는 것이었다. 이야기를 꺼내려고 했지만 잘 되지 않았다. 정혜신 박사는 그것이 전형적인 외상 후 스트레스 증후군의 증상이라고 했다.

"기억이 잘 안 나는 데는 이유가 있습니다. 사람은 누구나 본능적으로 살고 싶어하잖아요. 그러니까 살고 싶어서 그 고통을 차단하는 겁니다. 레코드판이 튀듯이 밤낮을 가리지 않고 반복적으로 떠오르는 그때 그 순간, 그 상황, 내가 목격했던 그 끔찍한 장면들. 그러니까 사력을 다해서 도망가는 거예요, 그 기억으로부터. 그러다 보니 그 기억이 조금 희미해지는 경우도 있습니다. 그 기억만 희미해지는 게 아니라 일상의 다른 기억들도 같이 다 희미해지면서 일상에서 장애가 오기도 합니다. 더 중요한 건 끔찍한 기억들이 차단되고 기억이 안 나면 사람이 편해야 되잖아요. 근데 실제로는 그렇지가 않은 거죠. 뭔가 기억이 안 나는데, 그래서 덜 괴로운 것으로 인지하고 있는데, 실제로는 일주일 내내 술을 마시고, 한 번 마실 때 소주를 혼자서 10병, 12병을 마십니다. 이런 사람들이 꽤 많이 있죠. 그러니까 한쪽으로는 눌러놨지만 다른 한쪽에서는 다 튀어나오고 있는 거죠. 기억이 안 난다는 것은 외상 후 스트레스 증후군의 아주 흔한 증상입니다. 그 고통이 너무 힘들어서 도망가려는 것인데, 도망가도 자유롭지가 못한 거죠. 그러니까 견딜 수가 없어서 그걸 마비시키는 것입니다. 그러지 않으면 내가 견디기가 어려우니까."

상담의 과정은 어려웠다. 그들은 살기 위해 기억의 저편으로 밀어둔 기억들을 살기 위해 다시 끄집어내는 이중의 고통을 겪었다. 그것은 삶이라고 여겼던 죽음을, 죽음이라 여겼던 삶으로 바꾸는 과정만큼 어려웠을 것이다. 그러나 모든 상처는 우선 맑고 밝은 빛 아래 그 모양새를 드러내야 한다. 상처를 보지 않고 어떻게 그것을 치유할까? 정혜신 박사는 죽음에 대한 그들의 충동에 대해 심각하게 염려하는 한편, 매주 그들을 만나 끝없이 듣고 이해하고 견디고 설득했다.

"저희 그룹 상담을 참관한 어떤 분이 제가 상담 참여자에게 집요할 정도로 질문을 계속해서 불편한 경우가 있다고 하셨잖아요. 그건 외과 의사가 수술 부위, 그러니까 곪고 병든 부위를 본격적으로 째고 들어가는 것과 다르지 않습니다. 그 병소를 근원적으로 제거해야 치료 효과가 나타나잖아요. 그것과 같아요. 아픈 기억이나 심리적인 상처는 눈에 보이지 않을 뿐 치료의 원리는 똑같습니다. 그 병소를 방치하면 처음에는 국소적으로 시작한 것이라도 결국에는 그 옆으로 계속 번져나가죠. 그래서 우리 일상에 전방위적으로 영향을 주게 되고 우리 삶 전체를 붕괴시키게 되죠. 그래서 병소를 째고 끝까지 들어가는 겁니다. 본인이 당황스러울 만큼 집요하게 밀고 들어가지만, 그러고 나면 편안해지거든요. 나도 사력을 다해서 도망가고 누르려고 했지만 실제론 끊임없이 고통스러운 것들이 느껴진 경험이 있어요. 한참 도망가다 보면 내가 무엇 때문에 그렇게 힘들었는지 그것조차 불명확해져요. 상처 부위가 오히려 넓어지죠. 어려움들이 과도하게 일반화되고요. 근데 그런 상처들을 끝까지 밀고 들어가다 보면, 아하! 이거구나, 이래서 그랬던 거구나. 병든 부위가 근원적으로 정확하게 밝혀지는 경험들을 하게 되고, 그런 경험이 반복되면 그 상처로부터 자유로워질 수 있습니다. 그 상처의 파장으로부터 영향을 덜 받게 되는 거죠."

적어도 정혜신 박사가 주관하는 와락 센터에 모인 사람들은 소수이긴 하나 용감하게 자신들의 잃어버린 기억들을 찾아가고 있다. 산들바람만 스쳐도 소스라치게 아픈 그 기억들에 들이대는 메스와 소독약을 견디면서 말이다.

외상 후 스트레스 증후군

그들이 앓고 있다는 외상 후 스트레스 증후군이란 무엇일까? 다음은 정혜신 박사가 시사자키 정관용 씨와 나눈 인터뷰의 일부다.

정혜신 외상 후 스트레스 증후군은 개인의 잘못이 아니라 너무 극단적인 폭력에 노출된 사람들에게 나타날 수밖에 없는, 그런 사람들이 얻을 수밖에 없는 심리적인 내상이다, 병이니까 치료해야 된다는 이야기를 하려고 갔어요. 그때 2,600여 명의 해고자 중에서 40~50명이 모였는데, 그게 가장 많은 사람이 모인 거라고 했어요. 그럴 정도로 이 사람들이 모이기가 어려웠어요. 왜냐하면 쌍용차, 파업, 이런 이야기만 들어도 너무 고통스럽기 때문에…….

정관용 가까이 안 오려고 해요?

정혜신 안 오려고 하는 것이 외상 후 스트레스 증후군의 증상이에요. 그래서 치료를 한다고 해도 '치료? 그때 그 경험을 이야기해야 돼?' 그러면 벌써 악몽을 꾸기 시작하고, 가슴에 통증이 오기 시작하고, 너무 고통스러우니까 피하는 거지요, 그것마저도. 그래서 초기에는 많은 사람이 못 모였고요. (중략) 재앙적 스트레스를 경험했을 때 오는 질병을 외상 후 스트레스 증후군이라고 해요. 예를 들어 전쟁터에서 사람이 죽고 죽이는 현장을 보고 돌아온 사람들이나 고문을 당한 사람들이 겪는 스트레스예요. 그러니까 일상적인 범주를 뛰어넘는 스트레스인데, 이런 스트레스의 핵심은 죽음 각인이에요. 죽음 직전까지를 아주 생생하게 경험한 것이 이 트라우마의 핵심이에요. 그래서 이런 경험을 하게 되면 그 이전의 상태로 돌아가기가 매우 어려울 만큼 사람이 뿌리부터 흔들리는 거지요.

정관용 이분들은 그냥 단순히 해고되었다, 실직했다는 스트레스가 아니라 여기에 맞서 싸우는 과정에서 전쟁터 같은 경험을 하신 거잖아요. 그런 의미에서 외상 후 스트레스 증후군에 포함된다는 거죠?

정혜신 그렇지요. 해고당한다고 다 죽느냐, 그렇지 않습니다. 죽을 만큼 힘들 수는 있지만, 실제로 목숨을 끊을 만큼은 아닌 경우가 많잖아요. 그런데 쌍용자동차 2,600여 명 해고자 중에 지금까지 20명이 죽었어요. 이건 굉장히 다른 경우인데……. 그것의 핵심은 전쟁과 거의 동일한, 아주 무자비한 폭력 진압이 있었고, 그것으로 인해 사람들이 목숨을 잃어가는 것이지요. 그 파급 효과로 인해서요.

정관용 그렇지요. 그럼 교통사고 같은 것도 여기에 해당합니까?

정혜신 단순한 교통사고 정도 가지고는 아니고요, 예를 들어 가족이 같이 차를 타고 가다가 다 죽었는데 나 혼자 살아남은 경우가 해당되겠지요. 극단적인 상황에서 혼자 살아남은 사람들. 그러니까 죽음의 문턱까지 갔던 트라우마, 씻지 못한 트라우마를 입은 사람들……. 정신의학에서 가장 끔찍한 병이라고도 할 수 있어요, 외상 후 스트레스 증후군이. 자살률이 가장 높아요.

정관용 우울증 같은 것보다 훨씬 높아요?

정혜신 훨씬 높지요. 아주 밑바닥까지, 아주 파괴적인 경험을 하기 때문에 어떤 질병보다 많이 죽는데, 또 빠르게 개입하면 그만큼 많이 살릴 수 있어요. 그러니까 빠른 치료가 필요해요. 외상 후 스트레스 증후군에서 치료가 필요하다는 것은 개인이 약하거나 인내심이 부족하거나 성격이 비관적이어서가 아니에요. 이런 경험을 당한 사람은 그 이전에 아무리 긍정적이거나 낙천적이거나 심리적으로 튼튼하더라도 예외 없이…….

정관용 예외 없이요?

정혜신 예외 없이 걸릴 수밖에 없는 상황이라는 거지요. 그것이 외상 후 스트레스 증후군이에요. 외상 후 스트레스 증후군에 고통받는 경우는 자신의 잘못이 아닙니다. 그러니까 이거는 국가가, 사회가 책임을 져야 해요. 왜냐하면 가해를 한 주체이기도 하니까 책임이 있다고 보는 거지요.

― CBS 라디오 〈시사자키 정관용입니다〉, 2011년 12월 29일

  정혜신 박사는 인터뷰에서 "이들은 베트남전에서 돌아온 후 이상 증세를 보이는 사람들과 비슷한 증세를 보이고 있으며, 그냥 놓아둘 수 없는 아주 심각한 상태"라고 말했다.
  질문자가 "그래도 예외는 있지 않을까요? 정신상태가 아주 건강했던 사람은 내성이 강하다든가?" 하고 묻자 "거기에는 어떤 예외도 없어요. 아무리 건강했던 사람도 병들어요."라고 단언했다.
  일상을 넘어서는 스트레스. 죽음의 각인, 밑바닥까지 내려감으로써 경험하는 존재의 완전한 해체, 이를 테면 교통사고도 그냥 교통사고가 아니라 자신만 살고 일가족이 모두 죽는 걸 목격한 교

통사고 정도의 충격이 해고에 대한 그들의 후유증이었다. 전문가의 이런 의견을 받아들이고 나자 내가 이제껏 그들의 죽음에 취해왔던 입장(입장이 있었다면)이 달라지기 시작했다.

처음 내게 충격을 준 임성준 씨 부인의 죽음……. 베란다 아래로, 정말 삶과 죽음의 경계가 한 치도 없다는 듯 떨어져 내렸다는 것이 사실일까, 나는 의아했다. 평소에 우울증을 앓고 있다가 그때 하필이면 악화된 것이라 생각하기도 했다. 그런데 아니란다. 누구나 예외가 없단다. 하지만 어떻게 평소에 몸과 마음이 건강했던 사람이 자기도 모르는 사이에 목을 매고 있고, 자기도 모르는 사이에 베란다의 높이가 이만큼 낮게 보일 수 있을까, 어떻게 자신의 몸에 휘발유를 부을 수 있을까? 어떻게 삶과 죽음의 경계가 무너질 수 있을까? 죽음에 대한 본능적이고 철저한 경계, 그것은 삶의 가장, 아주 당연한 조건이 아니던가.

《무소의 뿔처럼 혼자서 가라》를 쓸 무렵 영선이라는 인물의 자살을 설정해놓고 정신과 의사에게 자문을 구했다. 그때 나는 자살에도 종류가 있다는 것을 알게 되었다. 즉 죽는다는 것은 거꾸로 세상을 향한 일종의 구조요청이며, 이 요청 시간을 얼마나 더 두느냐에 따라 절망의 정도를 짐작할 수 있다고 한다. 가령 수면제나 진정제를 통해 자살을 시도하는 사람들은 약을 먹는 순간부터 죽음에 이르기까지의 시간이 비교적 긴 편이라 그 성공률이 매우

낮으며, 실제로 자살을 시도하는 이도 무의식적으로 이것을 의식한다고 한다. 약물에서 깨어난 사람들은 비교적 자살 재시도율이 낮다는 것도 그 반증이라 하겠다. 그러나 목을 매는 경우 절망의 강도는 좀 더하다고 했다. 목을 매는 순간부터 발견되어 다시 살아나기까지의 시간이 상대적으로 짧기 때문이다. 그러나 의사들은 그런 시도를 하는 경우에도 삶에 대한 희망이 아주 없는 것은 아니라고 말했다. 단 몇 초 동안 누군가 그를 발견함으로써 생과 사가 바뀔 수 있기 때문이다. 자살 시도 중 삶의 의지가 거의 없는 가장 절망적인 죽음은 고층에서 몸을 던지는 것이다. 자살이 실패할 확률이 거의 없기 때문이다. 그렇다고 해도 이들은 보통 사회에 메시지를 남긴다. 그것이 유서이든 문자 메시지이든 마지막 전화이든 말이다.

그런데 여기 22명의 사람들은 그것조차 남기지 않았다. 이것은 아마도 세계 정신의학회에 보고될 일이 아닐까 싶다. 하나같이 아무런 메시지도 남기지 않은 그들은 어쩌면 세상과의 소통에 완전히 절망했는지도 모른다. 그러나 그들이 아주 절망하기 전에 실은 메시지를 보냈을지도 모른다. 우리에게 살고 싶다고, 살려달라고 외쳤을지도 모른다. 어쩌면 3년 동안 하루에 '7분' 씩 100번이나 비명을 지르고 살려달라고 외쳐왔는지도 모른다. 그 사람들을 우리는 무심하고 태연하게 스쳐 지나가 버린 것은 아닐까. 우리는 대체 왜 죽음에 이토록 무감각해진 것일까?

외상 후 스트레스 증후군

가지가지 병리를 연구하면서 인간의 이상행동에 이골이 났을 법하지만 정혜신 박사의 눈에 눈물이 설핏 고였다.

"그러니까 그 사람들, 죽음과 삶의 경계가 허물어진 거예요. 보통 사람은 죽음과 삶의 경계가 아주 뚜렷해 조금이라도 위험한 생각이나 행동은 하지 않으려는 본능을 가지고 있는데, 이들은 그렇지 않아요. 그러니까 어른들이 말씀하시는 '삶의 끈을 놓았다.'라는 상태인 거죠. 삶의 끈이 열 가닥쯤 있다면, 이들은 그중 많은 끈이 이미 끊어져 있다고 봐야죠."

"그러니까 왜요? 해고당한 사람들이 그들뿐만은 아니잖아요. 그런데 왜 대체 그들은 그렇게 죽어요?"

내가 물었다. 정혜신 박사는 약간 의외라는 듯 나에게 무슨 말인가 할 듯하더니 한숨을 길게 내쉬었다. 옆에 앉아 있던 다른 분이 내게 설명을 시작했다.

"그게요, 참 복잡해요. 그러니까 지금 쌍용자동차가 인도의 마힌드라라는 회사 것이거든요."

"쌍용자동차가 쌍용 게 아니고 인도 거예요?"

사람들이 어이없는 표정으로 나를 쳐다봤다. 하기는 내가 쌍용자동차에 대해 그 이상 뭘 알고 있었단 말인가. 아니, 솔직히, 아주 솔직히 말해 알고 싶지 않았다는 게 옳을 것이다. 부끄러웠다.

이 사회가 정상일까?

나는 1980년대 전두환 정권 시절에 대학을 다니고, 광주항쟁의 진실을 알고 난 후 더는 내 삶이 내가 원래 알던 삶과 완전히, 그리고 영원히 달라질 것임을 예감했다. 모든 소외받는 사람과 시궁창에 버려진 진실을 위해 내 삶을 바치겠노라고 스스로 맹세도 했다. 그리하여 노동운동을 하기 위해 공장에 위장취업을 했다. 거기서 끌려갔고, 인간이 인간을 이렇게 짐승보다 못하게 취급할 수 있구나 입이 딱 벌어지게 알았고, 두들겨 맞았고, 그리고 감옥에도 갔혔다. 날 작가로 만들어준 첫 소설 〈동트는 새벽〉은 감옥에 둘만 남은 지식인과 노동자의 갈등과 우정을 이야기한 것이었다. 나는 대한민국의 평균 여성보다, 아니, 평균 사람들보다 노동에 대해 관심이 많은 사람이라고, 나도, 그리고 남도 그렇게 생각하는 부류의 사람이었다. 그러나 나는 아무것도 모르고 있었다. 그 노동자들, 어제도 죽고, 그제도 죽고, 오늘도 또 죽어가고 있는 그들에 대해서 말이다. 나 역시 죽음에 대해, 고통에 대해 이토록 무디어지고 있었단 말인지, 갑자기 겁이 났다.

나는 나이를 먹었다……. 나는 이제 더는 한 가지 주제로만 소설을 쓰는 작가가 아니었다. 나는 박정희와 전두환, 노태우 등이 시민들을 손아귀에 넣고 죽이거나 죽지 않을 만큼만 짓이기거나, 무릎을 꿇고 살려달라고 빌게 만드는 것을 보며 청춘을 보냈다. 연애 한번 제대로 못했고, 인생에 대해, 사랑에 대해, 섹스나 결혼에 대해 그맘때 가지는 고민 같은 것도 해보지 못한 생을 지나왔다. 그래서 이제 어느 정도 민주화가 된 것 같으니까, 이제 나는 더 커지고 싶었고 더 재밌어지고 싶었다. 《해리 포터》를 쓴 조앤 롤링처럼 더 무궁한 상상력으로 다채로운 이야기를 지어내고 싶었다. 솔직히 작가가 한 사업장의 파업에 대해 잘 알아야 하는 것도 아니지 않는가? 그러고는 '모른다'고 정직하게 말했다(……라는 말로 이 무지에 대해 변명할 수 있다면 좋겠다.).

아니, 나는 그러길 바랐고, 어느 정도 그런 사회가 왔다고 생각했고, 이명박 정권이 처음 촛불집회 시위자들을 구속했을 때 '설마' 했지만, 이후 미네르바가 구속되면서 '어어!' 했지만, 드디어 아침 출근시간에 삶의 터전을 잃고 항의하는 시민 다섯과 젊은 경찰 한 사람을 불태워 죽이는 것을 보고 '이제 생각보다 끔찍한 사회가 올지도 모른다.' 불길하게 직감했지만, 그래도 내가 가만히 있어도 사회가 다시 이성을 회복하겠거니 믿었다. 그래야 하는 것 아닌가? 21세기이고, 이미 언론자유도 있었고, 무엇보다 나는 이런 정치나 경제, 노동 체질이 아니며, 똑똑한 분들은 그 분야에 많이 있었다. '다 잘될 거야.' 까지 생각하지는 않았지만 '왜 꼭 나여야 하냐고?' 생각했고, 아버지의 죽음으로 고아가 된 아이들을 돕는 계좌에 얼마간의 성금을 보냈고, 그리고 그것으로 며칠 동안 스스로를 위로하며 편히 잠들 수 있었다. 그런데 죽음의 행진은 그 후로도 지치지 않고 계속되고 있고, 이제 나는 여기 와 있다.

사람이 스물두 명 죽었다. 만일 60만 명이 산다는 서울 노원구에서 똑같은 원인으로 스물두 명이 스스로 목숨을 끊었다면 어떤 일이 벌어졌을까? 4,700명이 다니는 학교에서 네 번째 자살자가 생기자 그 학교는 사회적 이슈로 떠올랐다. 사망자가 발생하지도 않은 신종 플루 때문에 전국의 학교들이 휴교를 불사했고 정부는 무료로 약품을 배급했다. 그런데 불과 3년도 안 된 시간 동안 2,646명 중에서 22명의 노동자와 그의 가족이 희생되었다. 언급되지 않는 주변의 죽음과 다행히 실패한 자살 기도를 합치면 어마어마한 숫자이다. 모두 같은 울타리에서 같은 원인으로 쫓겨난 사람들이다. 그러나 우리 사회는 이상하리만큼 조용하다. 쌍용자동

이 사회가 정상일까?

차의 죽음은 특히 보수 언론에서는 아예 언급되지도 않는다. 대체 이게 정상적인 사회일까?

그러던 어느 날 송경동 시인이 내게 전화를 했다. 한진중공업 85호 크레인에 올라가 있던 민주노총 부산본부 지도위원 김진숙 씨를 구하기 위해 희망버스를 조직하다 감옥에 갔혔고, 아직 재판받고 있는, 《꿈꾸는 자 잡혀간다》라는 책을 낸 그 울보 시인 말이다.

"선배님, 금요일 1시에 시간 있어요?"

나는 스케줄 표를 들여다보았다. 마침 그날 11시와 3시 사이에 시간이 비어 있었다. 내가 괜찮다고 하자 그가 말했다.

"선배님, 그럼 금요일 1시에 경향신문사로 오세요."

"왜?"

내가 묻자 그는 쌍용자동차 이야기를 했다. 저녁식사 자리라 주변도 시끄러워 그의 이야기를 잘 알아들을 수 없었다. 다만 그가 끝에 이렇게 덧붙이는 것만 알아들을 수 있었다.

"한 번도 이런 부탁을 드리지 않았잖아요. 그러니 이번에는 꼭 들어주세요. 시간이 되신다니 이번만은 꼭……. 한 시간이면 됩니다."

경향신문사로 오라기에 인터뷰 건인 줄 알았다. 그가 시인이고 나는 작가이기에 문화부 인터뷰를 하는 것인 줄 알았다. 그런데 내가 도착한 곳은 경향신문사 건물 안의 전국민주노동조합총연맹이었고, 나는 쌍용자동차 연대를 위한 문화예술인선언 모임에 와 있었다. 거기에는 그 이상의 죽음을 막기 위해 모인 각계각층의 인사들이 있었다. 그리고 그 자리에서 쌍용자동차의 소유주가 인도의 마힌드라앤마힌드라사(이하 마힌드라사)라는 것을 모르는 사람은 나밖에 없는 것 같았다.

"그러기에 저도 제가 왜 여기 와 있는지 모르겠어요. 솔직히 모르거든요. 쌍용자동차에서 나오던 코란도하고 무쏘, 그리고 체어맨? 그리고 어느 날 이명박 정권 초기에 그 사람들 무지무지 깨지던 걸 뉴스에서 본 게 다예요. 제가 이상한 것은요, 다른 데도 다 해고되는데 왜 유독 여기 사람들만 이렇게 죽느냐는 거예요. 다른 노조도 다 깨지고 진압을 당하는데 왜 여기 사람들만 이렇게 죽어가느냐고요?"

아무도 대답하지 않았다. 누군가가 다시 말했다.

"그걸 어떻게 다 알 수 있겠어요. 하지만 중요한 건 벌써 스물두 명이 죽었고, 앞으로도 또 죽을 수 있다는 것, 우리는 어떻게든 그 죽음을 막아야 한다는 거예요. 사람이 죽는다고요!"

쌍용자동차 문제를 논의하기 위해 모인 100여 명의 지식인들. 누군가 나의 이메일 주소를 물었다. 며칠 후 고마우신 분들께서 내게 쌍용자동차 사태에 대한 자료들을 메일로 보내주었다. 그중 한 분은 메일을 보내시면서 이런 추신을 달았다.

"적어도 공지영 씨 같은 작가가 쌍용에 대해 이렇게 아는 게 없다는 것이 놀라웠습니다. 그런데 그렇게 모르면서도 쌍용에 대해 글을 써보겠다고 해서 더욱 놀랐습니다. 힘내시길!!"

그 후 우리는 덕수궁 대한문 광장 앞에서 기자회견을 가졌다. 나는 쌍용자동차 해고자들을 거기서 처음 만났다. 서둘러 데워진 아스팔트가 무쇠솥이 내뿜는 듯한 뜨거운 열기를 뿜어 올리던 오후였다. 땡볕이 쵀루액처럼 따갑게 대한문 앞 광장으로 퍼붓고 있었다. 한여름처럼 더웠다. 그런데 그들은 모두 두터운 쌍용자동차 작업 점퍼를 입고 있었다. 더위는커녕 몸속에서 솟아오르는 냉기에 아직도 오소소 떨고 있는 것 같았다. 해고 노동자와 지식인들을 합친 것보다 더 많은 수의 경찰이 서 있었고, 행인들은 무심히 그 곁을 지나갔다. 여기 서 있기 싫다는 생각이 들었다. 부끄러웠다. 정치를 하는 사람도 아닌데 내가 꼭 여기 있을 필요가 있을까 싶었다.

나는 쌍용자동차 해고자들의 얼굴을 곁눈으로 살폈다. 검게 그은 얼굴들이 무표정하게 우리를 향하고 있었다. 그 까칠하고 부은 듯한 검은 얼굴에 박힌 퀭한 두 눈만 간절한 빛으로 빛나고 있었다. 정말 힘들겠다는 것이 느껴졌다. '어떻게 하지?' 하는 생각도 났다. 그러나 가장 잔인한 형벌은 섣부른 희망이라는 것을 알기 때문에 나는 그냥 그 자리를 떠났다. 내가 해줄 수 있는 일이라고는 고작 기자회견장에 있어주는 일, 그리고 내 이름을 얹어주는

의자놀이

44

것, 그것뿐이었으니까 말이다.

그날 3시에 잡혀 있던 약속은 〈두 개의 문〉이라는 영화의 시사회였다. 용산 참사를 다룬 다큐멘터리였다. 이 화창한 봄날에 죽음은 계속되고 있었다. 5월……. 영화는 고문 같았다. 영화는 냉정하게 그들이 이렇게 그들을 죽였다는 것을 보여주고 있었다. 그날 경찰이 투입한 컨테이너라는 것이 얼마나 위험하고 무모했는지도 이야기하고 있었다. 나는 계속되는 고통의 기록에 마취당한 듯 약간 멍해진 채로 화면을 응시하고 있었다.

갑자기 장면이 바뀌었다. 어디선가 많이 본 영상이었다. 텔레비전에서 한 번인가 보았지만, 나는 내가 그것을 얼마나 잘 기억하고 있는지 금세 깨달았다. 보자마자 그게 어딘지, 무얼 하는 건지 알아차렸으니까 말이다. 그 지붕, 그날도 이렇게 햇살이 작열하고 있었다. 컨테이너에서 내린 특공대들이 방패와 테이저건, 그리고 몽둥이를 들고 지붕 위의 노동자들을 몰고 있었다. 잡힌 노동자는 새까맣게 몰려든 특공대에게 둘러싸여 밟히고 방패로 찍혔다. 특공대는 실신한 노동자의 헬멧을 벗기고 다시 때렸다. 노동자는 기다란 벌레처럼 쭉 뻗어 있었는데 어디선가 달려온 경찰이 달려온 그 힘으로 그를 또 밟았다. 그 1분도 되지 않는 영상.

나는 내가 왜 그것을 잘 기억하는지 안다. 내 삶을 영원히 바꾸어놓았던 광주의 무자비한 군홧발과 폭력, 한 번 보고 끝내 잊을 수 없었던 영상과 그것은 아주 닮아 있었다. 영화 엔딩 부분의 인

이 사회가 정상일까?

터뷰가 내 머릿속에 강렬하게 남았다(내 기억에 의지한 것이므로 다를 수도 있다. 일부러 굳이 확인해 고치지 않았음을 밝힌다.).

"무리한 컨테이너 투입으로 무고한 경찰을 한 사람 잃고, 농성하던 시민 다섯이나 죽게 한 그 참사 앞에서 정부는 여론과 시민의 눈치를 보고 있었다. 이명박 정권 초기였으므로 자칫 정권의 앞날에 먹구름을 드리울 수도 있는 사건이기 때문이었다. 몇몇 비난 여론이 일었지만 그뿐이었다. 그러자 경찰은 쌍용자동차에 드러내놓고 컨테이너를 투입했다. 말하자면 용산에서 간을 본 것이었는데, 의외로 저항이 거세지 않자 이번에도 그걸 사용한 것이다. 국민이 용산에 대해 국가에게 관용을 베풀지 않았더라면 쌍용자동차 사태도 없었을 것이다. 용산 참사는 국가에게 '이렇게 진압해도 된다.'는 몹쓸 교훈을 심어줬다."

집으로 돌아왔다. 저녁을 먹고 아이들이 제 방으로 돌아간 거실의 커튼을 닫는데 창밖의 나무들이 아직 찬 밤바람에 흔들리는 게 보였다. 바람이 많이 부네, 내일은 춥겠다…… 생각하는데 문득 대한문 앞 광장 햇살 작열하던 아스팔트 위에 서 있던 얼굴들과 〈두 개의 문〉에 나온 쌍용자동차 진압 장면의 영상이 겹쳐졌다. 그리고 해고된 후 3년 동안 희망 한 점 없는 시간들을 헤쳐온 그들의 얼굴에서 내가 실은 이미 죽음을 느꼈다는 것을 깨달았다.

왜였을까, 가슴이 쿵쾅거리며 뛰기 시작했다. 그들은 "도와주세요." 소리도 차마 못하고 거기 차가운 길바닥에 얼굴을 대고 엎어져 있는 사람들 같았다. 그들을 두고 나 혼자 이 따뜻한 집으로 돌아온 듯 가슴이 쓰려온 것은 그다음이었다. 그냥 이것이 피해갈 수 없는 길이며, 피해서도 안 되는 길이라는 걸 알았다. 콧등을 시큰거리게 하면서 눈물이 올라왔다. 오랜 경험을 통해 나는 그것이 의미하는 것을 알고 있었다. 마음의 길이 그리로 가고자 할 때 내 육체와 영혼을 다해 그를 따라가야 한다는 것을.

용산 참사를 일으킨 컨테이너 진압에 대해 나는 아무 말도 하지 않았다. 설마 그런 걸 또 사용하랴 싶었던 것이다. "간을 보았는데 의외로 저항이 거세지 않자 이번에도 그걸 또 사용한 것이다."라는 말이 귀에서 윙윙거렸다. "용산 참사에 대해 국민이 국가에게 관용을 베풀지 않았더라면 쌍용자동차 사태도 없었을 것이다." 그건 나에게 하는 말 같았다. 그러나 변명거리도 있었다. 내가 국가를 관용으로 대한 것은 아니었다. 나는 시민들의 의식이 이제는 거의 선진국에 버금가게 성숙했고, 그런 야만을 내버려두지 않을 줄 알았다. 내가 가만히 있어도 말이다. 그런데 사태는 계속되었다. 기자들이 해고당하고, 김진숙 씨가 크레인에 올라 난간에 서 있고……. 내가 그들의 죽음에 (누군들 아닐까마는) 광의적으로 연결되어 있고, 그리고 실은 내가 오래도록 미안해하고 있다는 것을 그제야 깨달았다. 그들을 위해 아무것도 할 수 없는 나는, 그래서

이 사회가 정상일까?

아무것도 하지 않았던 나는, 그래도, 그러니까 무언가 해야 한다는 것을 깨달았다.

나는 컴퓨터 앞에 앉아 '쌍용차 자살자'라는 검색어를 눌렀다. 22라는 숫자들을 거슬러 올라가자 21이라는 숫자가 나왔다. 그리고 다시 20, 19라는 숫자들이 보였다. 18, 17, 16, 15, 14 …… 3, 2, 1. 그렇게 상류로 거슬러 올라가자 죽음의 계곡은 좁아지고 험해지고 길은 드문드문해졌다. 죽음이 드문드문해지자 삶의 광장이 열렸고, 죽기 전의 그들이 있었다. 작업복을 입은 사람들이 쌍용자동차 정문을 향해 쏟아져 들어가고 있는 환영이 보였다. 중공업 특유의 묵직한 느낌을 주는 노동자 군단, 평원의 아침, 어깨가 넓은 사내들의 힘찬 발걸음, 감색 점퍼의 물결. 그것은 얼핏 산맥 같았고 혹은 폭넓고 도도한 강물 같았다. 건강한 어깨들이 부딪히며 충만한 에너지가 벌판을 채우고도 남았다. 그들은 평택 쌍용자동차 공장 담벼락에 쓰인 '우리는 우리의 내일을 믿습니다.'라는 글귀 밑으로 전진하며 밀려들어 갔다.

아침마다 파르스름하게 면도하고 휘파람 불던 그들을, 아내와 아침까지 따스한 살을 비비며 환하게 웃던 그들을, 무엇보다 누군가의 아빠이며 엄마이고 아들이며 동생이고 친구였던 이 사람들을, 보너스 타면 부모님 댁에 김치냉장고 놔드려야겠어, 지난번 갔더니 옆집 어머니 그거 사셨다고 얼마나 부러워하시는지 내가 덜컥 약속해버렸다니까, 어디서 싸게 파는지 자네 아나? 하고 동료에게 묻던 사람들이 갑자기 구체적으로, 대책도 없이 떠올랐다. 그러자 그들이 이미 우리와 다른 세상으로 떠나갔다고 해서 그들을 이렇게 숫자로 불러서는 안 된다는 생각이 들었다. 그건 인간에 대한 예의가 아닐 테니까.

그러나 우리는 아직 그들을 숫자로밖에 모른다. 자살자의 숫자가 표시될 때마다 한 가지 분명한 공통점이 보였다. '이제 더 이상의 죽음은 안 된다.'라는 문장이었다. 처음부터 8번째, 9번째, 그리고 22번째 죽음까지……. 그렇다면 앞으로 23번째 죽음이 발견될지도 모른다. 지금 이 순간 또 누군가가 뛰어내리기 위해 아파트 베란다 아래를 멍하니 바라보고 있을지도 모른다. 모두의 심정은 같았다. 그것만은 막아야 했다.

"더 이상의 죽음은 안 된다!!" 그래, 안 된다. 절대로 안 된다. 그런데 그것은 누구를 향해 해야 하는 말일까? 정혜신 박사가 상담하고 있는, 자기도 모르게 목을 매고, 밤마다 죽는 꿈을 꾸고, 아이를 때려놓고 내가 이렇게 보잘것없는 인간이구나 통곡하는 그들에게? "아빠가 쌍용차에 다니는 사람 손 들어봐. 다행이다. 지금 공장 안에서 파업하는 사람들은 다 빨갱이다."라는 선생님의 말을 듣고 파랗게 질려 학교에서 돌아온 아이를 붙들고 우는 어머니와 아이에게? 분향소마저 설치하지 못하고 겨우 얻은 비닐로 노숙자보다 못한 움막 같은 것을 짓고 영정을 놓아두고는, 그거

이 사회가 정상일까?

지키느라고 침낭도 없이 밤새 떨며 웅크린 그 노동자들에게? 밤마다 거기서 서울 시민들의 차가운 발걸음 소리를 들으며 우주 밖으로 쫓겨난 듯한 설움에 젖는 그들에게? 누구에게 그 말을 해야 죽음을 막을 수 있을까?

나는 그것이 알고 싶었고, 그날 밤이 이울도록 자료를 찾아 인터넷의 바다를 헤매었다. 거기 파괴된 스물두 개의 우주들이 파편으로 흩어져 허공을 무표정하게 떠돌고 있었다.

대체 그들에게 무슨 일이 일어났던 것일까?

22번째 죽음

대한문 앞 분향소를 다시 찾았다. 분향소는 썰렁했다. 22번째로 죽은 노동자의 영정이 거기 있었다. 그는 서른여섯이었다고 했다. 그래, 서른여섯이었다.

  2012년 3월 마지막 날 밤이었다. 그날도 밤에는 기온이 거의 영하로 떨어졌고, 벌판으로 달려온 바람이 희미하게 흐느끼는 소리를 내고 있었으리라. 나는 안다. 절망에 빠진 사람들이 제일 두려워하는 것이 무엇인지. 그것은 아침이다. 그래서 그는 새벽을 택해 이승을 떠났을까? 깊은 밤이었고 바람은 겨울보다 더 찼으므로 아무도 창문을 열어보지 않았나 보다. 떨어진 것이 사람이었고, 그 사람이 죽었다는 것을 알게 된 아침 9시까지 그는 그렇게 차가운 땅에 얼굴을 댄 채로 이 지상의 마지막 시간을 견뎠다고 했다.

그는 결혼도 하지 않은 채 홀로 살던 노총각이었다. 결혼을 하지 않은 것뿐만 아니라 부모가 모두 돌아가셨고 거의 왕래가 없는 이복형이 한 분 계실 뿐 가족도 없었다. 주검을 수습하러 쌍용자동차의 옛 동료 두엇이 왔다. 옛 동료들은 그의 시신을 서둘러 화장했다. 그리고 그의 모친의 묘소가 있는 충남 서산에 뿌렸다. 꽃 한 송이, 술 한 잔, 촛대 하나 없는 건조한 죽음이었다.

경찰은 사건을 정리하고 나서 문득 이상한 느낌에 사로잡혔다고 했다. 가난한 임대아파트에서 죽음이야 흔한 것이었다. 그런데 무언가 이상했다. 유서도 없었고, 사람이 내왕한 자취도 없었다. 쌍용자동차에 다녔다면 꽤 번듯한 직장에 다닌 셈인데 가난의 자취가 자욱했다. 밀린 고지서, 공과금 청구서……. 생각해보니 소식을 듣고 달려온 쌍용자동차 동료라는 사람들의 눈빛도 아주 불안해 보였다. 그들은 아무것도 묻지 않았다. 자살 소식을 듣고 달려온 지인들은 하다못해 시늉으로라도 죽을 사람이 아니라는 말을 하는 것이 보통인데 그들은 지나치게 말이 없었다. 마치 중병을 앓던 노인네가 돌아가시기라도 한 듯 무표정했던 것이다.

경찰은 문득 오래전 텔레비전 화면으로 보았던 쌍용자동차의 파업을 떠올렸다. 투입된 경찰들이 농성자들을 진압하던 지붕 장면이 떠올랐다. 진압 장면이 중계되는 것을 보며 누군가 "아따, 조현오 청장, 화끈하게 해버리누만." 하고 중얼거리기도 했다. 더구나 올해 경찰은 모범 진압 사례로 쌍용자동차를 들기도 했다. 그것은 기억 속에서 희미해질 만큼 그리 오래전의 일은 아니었다.

2009년 파업이 시작될 때 그는 서른셋이었다. 평택공고를 졸업하고 1995년 쌍용자동차에 입사했으니 그의 삶 대부분은 쌍용과 함께였다. 가족이 없는 그에게 제공된 기숙사는 고향이자 가족이었다. 그는 적금을 부었고, 가끔씩 소개팅으로 아가씨들을 만났다. 결혼도 하고 싶었지만 우선 돈을 좀 모아 어머니 산소에 좋은 상석을 하나 마련해드리고 싶어했을지도 모른다. 그러나 대부분은 아침부터 밤늦게까지 잔업이었다. 본봉이 적은 대신 야간특근이나 휴일특근을 하면 월급이 놀랍게 불어 있었으므로, 젊고 혈혈단신인 그는 열심히 일했다. 잔업을 끝낸 10시쯤 동료들과 함께 한 생맥주에 골뱅이 국수 한 접이면 하루가 참 기쁨으로 끝나곤 했다. 생산직의 거의 절반에 해당하는 2,646명을 일방적으로 해고하겠다는 회사의 발표가 있던 날, 그는 기숙사에서 짐을 챙겨 나와 파업에 합류했다. 자신은 혈혈단신이지만 애들과 부모님을 줄줄이 부양해야 하는 형님들이 너무 딱해 보여서 자신은 어찌 되어도 혼자 몸 못 살겠느냐고 너그러이 웃었다. 그는 참으로 낙천적인 사람이었다고 동료들은 전했다.

그 환한 여름날, 그는 그 지붕에 있었다고 했다. 환하게 햇빛 쏟아지던 그 지붕. 경찰은 이미 국제 앰네스티가 금지한 테이저건을 쏘아대고 있었다. 도망치는 노동자들을 경찰이 둘러싸고 방패로 찍고 무지막지하게 구타하던 그 지붕 위……. 짐승처럼 쫓기던 그의 등 뒤로 새총으로 쏜 볼트가 날아왔고, 그는 감전이라도 된 듯 등을 꺾으며 거기서 넘어졌다. 영화 속, 뉴스 화면 속 엎어진 채 벌레처럼 꿈틀거리며 짓밟히던 인물이 그였을지도 모른다. 그는 참 착했다고 동료들은 증언했다. 그래서 그가 맨 마지막까지, 형님들은 형수님도 있고 애들도 있으니까, 저야 어디 가서 어떻게든 못 살겠느냐, 제가 하죠, 하고 마지막까지 그 지붕에 있었을 것이다. 우리는 안다. 그 장면. 충격으로 이미 널브러져 있는 사람을 때리고 또 때리고 방패로 찍던 그 지붕, 인간이 아니라 벌레에게 가해질 법한 그 무자비한 폭력이 벌어지던 그 지붕, 그 햇살 부시던 지붕.

이 진압 전체를 기획, 지휘한 조현오 전 경찰청장은 얼마 전 인터뷰에서 경찰 수뇌부가 위험하다며 반대하던 컨테이너 진압을 자신이 이명박 대통령으로부터 특별히 허가받았다고 자랑스레 말했다. 그래, 그 지붕. 일하고 싶다고, 쫓겨나면 우린 죽는다고 절규하는 사람들을 테러범처럼 진압하던 그 지붕에, 쌍용자동차 22번째 희생자인 그가 있었던 것이다. 가족도 없고, 집도 없고, 오직 쌍용자동차가 짧은 인생의 전부였던 그. 그가 거기서 하이에나 떼처럼 달려든 경찰특공대에게 밟히고 찢기었고, 그리고 해고당했다. 그리고 3년 후 이 봄밤, 그가 죽었다. 22번째 죽음이었다.

소식은 며칠이 지나서야 알려졌다. 바람을 타고 말이다. 그만큼 쌍용자동차의 모든 인연은 산산이 흩어지고 끊어져 있었다. 노조 활동을 열심히 했던 그이니 당연히 연락을 받아야 했던 노조 집행부는 장례를 치르고 며칠이 지난 후에야 알았다. 초상술 한잔 받지 못하고 얼마나 쓸쓸했을까 생각하자 아직 살아 있는 조합원들도 이미 죽음 속으로 휘말려 들어간 듯 정신을 차릴 수 없었다. 이제까지의 죽음과는 또 다른 느낌이 든 것은 그가 77일간의 파업에 처음부터 끝까지 참여했던 활달하고 건강한 조합원이었다는 점 때문이다. 77일을 온전히 함께한 동지가 죽은 건 처음이었다. 살아 있는 사람들은 늦게나마 그의 빈소를 차리고 싶었다. 죽음이 드리워진 얼굴로 모여든 산 자들은 그의 이야기를 했다. 사람들은 맨 먼저 파업이 끝난 후 기숙사에서 쫓겨나던 그를 기억했다. 그는 짐보따리를 부동산 사무실에 맡기고 집을 구하러 다녔다고 했다.

"해고되고 바로 기숙사에서 쫓겨났지. 그 사람 혈혈단신이었는데……. 갈 데가 없었나 봐. 겨우 평택에 조그만 방을 하나 얻고 일을 알아보러 다니는 걸 봤어. '다른 데로 가지그래?' 내가 말했더니 '전 여기서 태어나 여기서 자라고 여기서 회사 다녔어요. 전 여기밖에 몰라요. 딴 데는 갈 데가 없어요.' 라고 웃었는데…… 어떻게 김포까지 가서……."

"전세를 얻고 일 년을 버텨도 취직이 되지 않았다고 했어. 쌍용차 출신들을 취직시켜주는 곳은 평택에는 없으니……. 여기서 이

천으로 수원으로 면접을 보러 다닌다고 했어. 이틀이나 사흘에 한 번꼴은 간다고 했는데."

"술집에서 만났지. 술에 엉망으로 취해 있더라고. 평택 전세가 너무 올라서 아무래도 다른 곳으로 가야겠다고……. 그날도 면접을 봤는데 쌍용자동차 출신이라는 이야기에 눈초리가 달라지더라고. 취직 안 될 거 같다고, 돈은 떨어져가고 작은 차마저 팔았다고……. 그러더니 김포로 가서 기어이……. 거기서도 결국 취직을 못하고, 아무도 없는 사람이 아무도 없는 타지에서 얼마나 힘들고 외로웠을까?"

하필이면 그의 죽음이 알려지던 날, 쌍용자동차는 각 언론에 보도자료를 보냈다. 자동차 판매가 3개월 연속 늘었으며, 판매량은 지난해에 비해 6.9% 늘었고, 전 달과 비교해도 5.4%나 늘었다는 것이 요지였다.

다른 지표에서도 쌍용자동차의 실적은 뚜렷이 상향곡선을 그리고 있었다. 2002년 16만 1,000대 생산으로 정점을 찍었던 생산량은 이후 서서히 줄어들다가 2008년에는 8만 1,000대, 2009년에는 3만 4,000대로 급감했다. 그러나 2010년에는 8만여 대를 생산해 2008년 수준을 회복한 데 이어 2011년에는 11만 3,000대를 생산해서 2006년 수준을 회복했다. 이유일 사장은 2012년 3월 말 "올해에는 전년 대비 8.8% 증가한 12만 3,000대를 판매한다는 공격적인 경영 목표를 수립했다."고 밝혔다.

해고자들은 신문에 실린 쌍용자동차 기사와 서른여섯에 죽은 동료의 영정을 양손에 들고 멍하니 서 있었다.

한 사람이 또 죽었다는 소식을 들을 때마다 남아 있는 동료들은 다시 한 번 그 죽음의 소용돌이 속으로 휘말려 들어갔다. 스물두 번이나 되었는데도 그랬다. 그것은 거듭될수록 익숙해져서 무감각해지고 옅어지고 희미해지는 것이 아니라, 짙어지고 좁아지고 생생해져서 살아 있는 이들의 멱살 쪽으로 바싹바싹 다가오는 것만 같다고 그들은 증언했다.

대체 그들에게 무슨 일이 일어났던 것일까?

그날 그 옥상에 있었던 다른 사람들은 어떻게 되었을까? 쌍용자동차 노조 간부였던 이창근 씨가 쓴 글이다.

> 16년 동안 한 회사에서 일한 노동자가 있다. 그는 보디빌더를 능가하는 체격과 체력을 갖춰 동료들이 부러워했다. 그는 회사나 집에서 싫은 소리라곤 듣지도 하지도 않던 자상한 두 아이의 아빠였다. 화목한 가정이 파괴되는 전주가 시작된 것은 2009년 5월이었다. 정리해고 칼바람이 들이닥친 것이다. 노동조합의 파업 소식에 그는 득달같이 달려갔다. (중략) 여름날의 공장 안은 쇠도 녹일 듯이 무더웠다. 그 숨 막히는 공간에서도 부지런하고 성실한 그의 천성은 어쩌지 못했다. 청소와 밥 짓는 일을 도맡아 하면서 동료들

에게 가족의 소중함을 일깨우는 역할을 했다.

마침내 싸움이 격화되고 경찰특공대가 공장 지붕으로 컨테이너 박스를 투입하는 상황이 되었다. 최루액이 장대비처럼 쏟아졌고, 고무총과 대형 새총으로 무장한 용역과 구사대의 공격은 마치 전쟁터를 방불케 했다. 그 상황에서 동료를 지키겠다며 도망치지 않고 끝까지 자리를 지킨 그는 경찰특공대의 표적이 되었다. 경찰특공대는 먹잇감을 발견한 승냥이 떼처럼 그를 짓밟았다. 의식을 완전히 잃은 상태가 수십 분 흐르고서야 늘어진 그의 몸뚱이를 질질 끌고 사라졌다. 의식이 돌아오자마자 그는 병원에서 곧바로 구속 수감되었다. (중략)

출소 후에도 계속되는 육체적, 심리적 고통으로 그는 병원에서 장기 치료를 받았다. 병원의 진단은 '폭행으로 인한 후유증'과 그에 따른 '공황장애'였다. 그는 입원 기간 중 여러 차례 자살을 기도했고, 별 차도도 없이 병원 생활이 길어지자 스스로 퇴원을 해버렸다. 퇴원 후 그가 접한 건 위로가 아니라 건강보험공단의 보험금 환급 서류와 500만 원의 병원비 고지서였다. 국가공권력에 의해 죽기 직전까지 내몰린 사람에게 국가가 보낸 첫 응답이었다. 아무도 찾는 이 없는 그를 찾아오는 건 30분 간격으로 반복되는, 대바늘로 찌르는 듯한 통증뿐이었다. (중략) 최근 상태가 더 심각해졌는데 좋은 분들의 도움으로 MRI를 찍었다. 40대 초반 남성들에게서는 좀처럼 찾아보기 어려운데, 그는 허리뼈 4개가 온통 까맣게

대체 그들에게 무슨 일이 일어났던 것일까?

나왔다. 담당 의사는 "무지막지한 부상 후유증과 일을 무리하게 많이 한 탓"이라고 진단했다. 폭력당한 뒤의 통증을 잊기 위해 끊임없이 몸을 움직여야 했던, 오죽하면 죽고 싶었던 한 노동자의 몸부림을 전문의도 알아차리지 못했다.

— 이창근, 〈경향신문〉 2012년 5월 18일자

죽은 사람들은 또 있다. 많은 아이들이 엄마의 뱃속에서 생명의 끈을 놓아버렸고, 가족들은 죽어갔다.

나는 다음 날부터 대한문 앞 쌍용자동차 희생자 분향소에 갔다. 가서 그들과 밥을 먹고 그들과 이야기를 나누었다. 나는 분향은 했지만 그 안에 들어가 그들처럼 앉아 있을 수는 없었다. 텐트 반입을 금지한 경찰 때문에 비닐로 덕지덕지 이어진 분향소. 거기 앉아 이야기를 나누지 못했다는 것이다. 그건 그냥 부끄러움 때문이었다. 그건 그냥 나의 생활습관 때문이었고, 그건 그냥 나의 개인사 때문이었으리라. 그러나 그들과 식당에 가서 밥을 먹었다.

그들은 내 앞에서 밝은 표정이었다. 고맙다고 말했고 수줍어했다. 그러나 그들과 헤어져 택시를 타고 문득 뒤돌아보았을 때 나는 썰렁한 그들의 빈소에 스치는 어둠의 그림자를 보았다. 그것은 그들의 얼굴 위를 무참하게 덮치고 있었다.

그날 밤부터 나는 잠을 설쳤다. 그러다 새벽녘에 문자 메시지

알림 소리에 잠을 깼다. 김정우 지부장이었다.

"공 작가님, 지금 주무시지요. 아까 댁으로 가신 다음에 후배 놈이 찾아와 이제까지 함께 울었습니다. '형, 나 좀 살려줘! 다리가 자꾸 마비돼! 병명도 몰라. 일을 해야 되는데 걸어가다 보면 자꾸 내가 넘어져 있는 거야. 형, 나 너무 아파…….' 2009년 지붕 위에서 조현오 경찰청장의 폭력에 짓밟힌 한 동지를 살려주세요. 너무 힘들어합니다. 도와주세요. 너무나 힘든 이들이 이렇게 널브러져 힘없이 웁니다. 이들을 살리고 싶을 뿐입니다. 고맙습니다."

새벽 3시였다……. '걸어가다 보면 내가 자꾸 넘어져 있는 거야!' 라니! 어떻게 그런 경우가 있단 말일까? 잠이 확 깨었다. 어떻게 하지? 생각했지만 방법이 없었다. 내가 의사였으면 했다. 어서 오라고 해서 약도 주고 주사도 줄 수 있는 의사였다면 봄비 내리는 밤 이런 문자 메시지를 읽고 잠들지 못하지는 않았겠지. 내가 재벌이라면, 내가 정치인이라면, 내가 고위관료, 내가 법원이라면 이 사람들 눈물을 닦아줄 방법을 알 수 있을 텐데. 아니, 내가 신이라면 얼마나 좋을까. 그러나 고작 글을 써서 이들을 돕겠다는 내가 한심했다. 아니, 실은 이들의 고통 속으로 들어서는 일이 싫고 두려웠다. 그러나 이미 나도 그들의 고통에 감전되고 있었다. 그건 어쩔 수 없는 일이었다.

내가 무력하게 느껴질 때, 어떤 노력도 부질없을 때, 세상이 모두 내게 등을 돌리고 있다고 느껴질 때, 눈물이 터지기 직전, 아마도 그때가 신이 나를 부르는 시간이리라. 나는 아침이 올 때까지 그냥 중얼거렸다. 도와주세요, 도와주세요, 어떻게든 도와주세요, 제발요, 제발…….

    그래서 나는 그 이야기부터 추적하고자 했다. 그 사람들, 너무 아파서 방 안을 기어 다니고, 의사도 놀랄 만큼 척추에 검은 멍이 들어버린 이 사람들. 걸어가다 보면 어느새 넘어져 있는 사람들…….

    그들은 왜 그날 지붕 위에 섰을까? 어쩌자고 가마솥처럼 찌는 공장 안에서 77일을 버텼나? 온 나라가 그들의 파업 때문에 망할 것처럼 보도하고 있을 때 그들은 왜 꿈쩍하지 않고 쇠파이프 하나 들고 그 지붕 위에 서 있었나? 어쩌자고 이미 용산에서 피를 맛보고도 조금도 자책하지 않는 이명박 정부와 맞섰나? 꼭 그래야 했을까? 대체 그들에게 무슨 일이 일어났던걸까?

음모의 시작, 해고와 기술 이전

이 세상에서 국제적 기준에 맞는 자동차를 생산할 수 있는 기술을 가진 나라가 몇이나 될까? 아마도 미국, 독일, 프랑스, 영국, 일본, 이탈리아 정도일 것이며, 여기에 우리나라도 들어간다. 이 국가들은 모두 과거의 전통 강국임을 생각할 때 한때는 제국주의의 꼴찌 주자인 일본의 식민지였고, 이데올로기 대리전인 한국전쟁까지 치르고 수많은 사상자를 내며 국토를 초토화했던 우리나라가 공업의 꽃이라고 여기는 자동차 산업을 탄생시키고 여기까지 발전시킨 것은 여러모로 보나 자랑할 일이다.

그것은 단순히 정권의 의도와 자본의 힘만은 아닐 것이다(자본과 정치가 자동차 산업을 발전시키고 싶지 않을 리가 없을 테니까.). 여기에는 교육열이 높은 국민과 근면한 노동자들의 힘이 컸다. 민족이

나 국가를 뭉텅 잘라 말하는 것을 좋아하지 않는 나이지만, 이 부분만은 감사하게 생각한다. 사실이다. 그 가운데 쌍용자동차가 있었다. 흔히 코란도라고 불리던, 야성의 표본이며 자유의 상징처럼 느껴졌던 4WD의 등장은 얼마나 신선했던지.

 1986년 쌍용그룹은 동아자동차를 인수하고 1988년 3월 쌍용자동차로 상호를 변경한다. 그리고 서서히 성장을 계속하던 회사는 1998년 IMF 외환위기로 쌍용그룹의 사정이 악화되자 대우자동차에 매각된다. 그러나 2000년 4월 대우그룹이 해체되자 계열에서 분리되어 법정관리에 들어간다. 문제는 여기서부터 시작된다.
 무슨 농구공도 아니고 이렇게 거대한 산업의 경영자가 이리 바뀌고 저리 바뀌는 회사가 잘될 리가 없을 것이다. 그런데 놀랍게도 이 자동차 회사는 2002년 공적자금(이라는 게 결국 국민이 낸 세금에서 그 회사가 손해 본 거 메워준다는 뜻이라고 나는 이해한다. 따라서 공적자금은 우리 돈이다.)이 투입된 이후 3조 원이라는 막대한 매출 달성과 함께 영업이익 당기 순이익의 흑자를 냈다. 2003년에 이르러서는 당기 순이익 5,897억 원을 내게 된다. 이것은 경영의 능력이 아니라 노동자들의 성실과 노동의 질이 생산성을 높이고 있음을 말해준다. 당시 노동자들은 두둑한 보너스도 받았다. 만일 당시 쌍용자동차를 국유화했더라면 오늘날의 비극은 없었을지도 모른다. 그러나 신자유주의라는 유령에 홀려 있던 정부와 관료들은 이렇게 잘되는 회사를 팔아야 한다는 강박관념에 시달린다. 소위 민영화 만능론이라고나 할까.

결국 정부와 채권단은 2004년 10월 상하이기차(이하 상하이차)라는 중국 기업에 쌍용자동차를 매각한다. 전문가들에 따르면 1조 2,000억 원에 이르는 쌍용자동차를 약 5,909억 원에 파는데, 중국 상하이차가 실제로 지불한 돈은 1,200억 원에 불과했다.

쌍용자동차 노조와 전국금속노동조합연맹(이하 금속노조)은 매각을 반대했다. 우리보다 임금이 싼 나라가 우리 자동차 회사를 사들인다는 것은 기술을 빼가겠다는 말과 다름없었다. 예를 들어 10만 원이면 고용할 수 있는 노동자가 풍부한 자기네 나라를 두고 임금 100만 원을 줘야 하는 나라에서 차를 만들지는 않을 테니까 말이다. 만일 우리나라가 독일 자동차 회사를 사들인다면 독일 노동자들이 만든 비싼 자동차를 우리나라로 가져오려는 의도는 아닐 것이다. 아마도 독일이 그냥은 제공해주지 않는 산업기술이 그 목적이리라.

이렇게 쌍용자동차 노조와 민주노총, 금속노조의 격렬한 반대에 부딪히자 상하이차는 총 네 번에 걸쳐 투자 약속을 한다. 처음에는 10억 달러 이상의 투자를 하겠다고 공언하고 2005년 5월 17일 노사 합의의 형태로 서약을 체결한다. 합의서의 주요 내용은 2005년 4,000억 원 투자, 평택 공장 30만 대 생산설비 증설 등이었고, 2006년 8월 30일에는 2009년까지 매년 3,000억 원의 투자를 약속했다.

결론은 그 후 상하이차가 합의한 투자 약속은 단 한 건도 지켜지지 않았다는 것이다. 상하이차는 문자 그대로 단 한 푼도 투자하지 않았을 뿐 아니라, 인수비용 중 자신의 돈으로 처음 1,200억 원만 납부하고 그 외에는 쌍용자동차 자체의 부채로 남기거나 쌍용자동차에서 번 돈으로 지불한다. 생각해보자. 신차 하나 개발하는 데 보통 3,000억이 든다고 한다. 그런데 1,200억 원의 돈으로 쌍용자동차를 인수함은 물론 기술까지 공짜로 얻어간 상하이차를 어떻게 보아야 할까?

노조는 상하이차가 기술만 빼돌리며 회사에는 별 관심이 없는 것 같다고 정부에 거듭 진정과 고발을 했다. 알다시피 증거를 가져다주어도 수사하지 않는 일이 흔한데 심증만으로 수사할 리가 없다. 신차 생산에 대한 투자는 전혀 없이 기존의 차만 생산하던 쌍용자동차는 기울기 시작한다. 아니, 어쩌면 신제품 개발 없이 그 정도 버텨준 것도 양질의 성실한 노동자들의 덕이 아닌가 싶다. 그때부터 계속 적자가 발생한다. 그러는 동안 한때 평택의 음식점에서 가장 돈을 잘 쓴다고 부러움을 사던 쌍용자동차 노동자들의 살림도 쪼들려간다. 본봉은 적고 잔업과 특근에 대한 수당이 많았던 그들의 삶은 회사의 재정 상태와 긴밀한 관계에 있었기 때문이었다. 2008년 미국발 금융위기가 세계를 강타하여 수출에 다시 한 번 타격이 오자 상하이차, 즉 쌍용자동차 사측은 일방적인 구조조정 준비에 들어간다. 그러나 쌍용자동차를 면밀히 검토한 노동 전문가들은 다른 의견을 내놓고 있다.

> 그러나 이것도 자세히 살펴보면 의혹이 한두 가지가 아니다. 보고에 의하면 쌍용자동차는 2007년부터 계속 현금 동원력이 위태롭게 나타난다. 2006년에 2,600억이었던 현금이 2007년 1,300억으로 반 토막이 났고, 심지어 2008년에는 680억으로 한 해를 시작한다. 이는 쌍용자동차가 구매하는 월 재료비의 40%에 불과한 돈이었다. 하지만 쌍용자동차가 현금 동원력이 없었던 것은 아니다. 쌍용자동차는 산업은행, 중국은행, 중국상공은행과 3,300억의 대출계약을 맺고 있었다. 산업은행의 회전대출 상한액인 1,200억은 모두 사용한 상태였지만, 중국은행과 계약한 1,100억 규모의 회전여신, 중국상공은행과 계약한 1억 달러(약 1,000억 원)는 사용하지 않은 상태였다. 이 자금을 사용했더라면 납품대금은 물론 체불임금까지 다 지불이 가능했고, 이런 신용을 바탕으로 산업은행의 추가대출까지 얻어낼 수 있는 상황이었다.
>
> ─사회진보연대 노동자운동연구소(한지원 연구실장),
> 〈쌍용차 정리해고 사태의 원상회복을 위한 보고서〉, 2012년 5월 21일

어쩌면 이 위기는 진짜 위기가 아닌 의도적으로 만든 것인지도 모른다. 자기 회사가 부도나게 생겼는데 약속한 대출을 받지 않을

경영진이 있을까? 그러나 그들은 대출을 받아 회사를 정상화하는 대신 가장 먼저 비정규직 347명을 해고시키고 서서히 떠날 준비를 한다. 남아 있는 정규직 노동자들에게도 의료비, 자녀들의 학자금 보조는 물론 모든 복지가 중단되고 야간 근무자에게 제공하던 라면과 요구르트마저 끊어버렸다. 그리고 노조의 선거가 있는 시기에 임시 휴업을 선언한다. 당시 쌍용자동차 노동조합은 무력했다. 조합원들은 당시 집행부가 부패한 정권이 외세에 꼼짝도 못하고 심지어 협력하는 형국이라고 회상했다. 여러 가지 안 좋은 소문이 나돌았고 조합에 대한 조합원들의 불신은 냉소로 바뀐 지 오래였다.

이런 와중에도 상하이차는 비밀리에 기술 이전을 한다. 이것을 안 노조가 이들을 고발하기도 했으나 수사는 시작되지 않았다. 나중에야 검찰이 혐의를 포착하고 수사에 나섰는데, 노조 간부들의 고소를 무시하던 그들이 수사에 나선 것은 국정원의 수사 의뢰 때문이라는 제보도 있었다. 당시 유출된 디젤 하이브리드 자동차 기술개발 사업은 예전의 쌍용자동차가 국고의 지원을 받아 수행된 것이었기 때문에 중요 기술의 해외 유출을 감시하는 국정원에 포착되었다는 것이다.

(세월을 앞서가 먼저 이 부분에 대해 결론을 내자면, 2012년 2월 1일 1심 재판에서 기술 유출 혐의로 기소된 쌍용자동차 간부들에 대해 법원은 모두 무죄를 선고한다. 그런데 법원이 기술 유출의 준거로 삼았던 감정서

를 만들어준 '자동차부품연구원(KATECH)'은 쌍용자동차 파업 당시 대표이사였던 최형탁 씨가 등기 이사로 있는 연구단체이다. 이러니 그 감정서를 바탕으로 한 재판에 무슨 신뢰가 있을 수 있는지 의문이다.

게다가 재판의 진행 자체도 이해할 수 없는 것이었다. 검찰이 압수수색을 통해 기술 유출 혐의를 포착한 것은 2008년 7월이었다. 그런데 기소는 2009년 10월에야 이루어진다. 증거를 인멸하고도 남아서 휴가를 세 번쯤 다녀올 시간이겠다. 이는 쌍용자동차 조합원들의 77일간의 파업이 끝나고도 두 달이 더 흐른 시점이었다. 그리고 막상 재판이 시작되자 압수수색을 한 검사, 즉 공소 사실을 가장 잘 파악하고 있는 검사가 이유 없이 교체되고, 이후에도 검사가 네 번이나 바뀐다. 그뿐만 아니라 재판부는 검찰의 공소장 열람마저 거부하고 있었다. 하이브리드 기술을 개발하라고 정부가 지원한 돈, 우리가 낸 세금이다.)

뒤숭숭한 분위기 속에서 새 노조집행부에 대한 투표가 시작되었다. 그 전의 쌍용자동차 노조는 소위 귀족 노조였다고 할 수도 있다. 안 좋은 소문도 많았다. 노무관리 상무 류재완(이 사람은 쌍용자동차부터 상하이차, 현재의 마힌드라사가 경영하는 상황에서도 여전히 노무관리 상무이다.)이 대의원 회의가 끝난 후 대의원들을 룸살롱에 데려가 질펀하게 놀았다는 소문도 있었다. 나중에 파업이 시작되었을 때 회사 측은 이런 소문을 흘려 지역 주민과 노동자들을 이간했다. 노동조합이 현재 어떤지, 과거에 어땠는지 알 길 없는 평택 주민들이 쌍용자동차 파업을 외면한 데에는 이 이유도 컸다.

어쨌든 새 노조위원장 선거에서 범민주세력의 연합집행부 후보인 한상균 씨가 당선된다. 그것은 충격이었다. 그들은 이렇게 설명했다.

"5명의 후보가 나왔는데 모두 쟁쟁했죠. 우리는 2명을 뽑는 1차 예선을 통과할 수 없을 거라고 봤어요. 그런데 1등으로 예선을 통과한 겁니다. 이변 중의 이변이었죠. 말하자면 1992년 대통령 선거에서 백기완 선생님이 당선되었다면 받게 되었을 충격에 비길 수 있을까요?"

"대공장 지부장들이 대개는 패권적이고 독선적이기 쉬운데 우리 한상균 지부장은 마인드가 열려 있고, 항상 낮은 자세에서 임하려고 하고, 자기가 부족한 것은 메우려고도 하죠."

실제로 파업 기간 내내 그는 몸을 사리지 않고 파업을 이끌었으며, 모든 조합원의 존경을 받았다고 전해진다. 나는 아직 그를 만나지는 못했다. 그는 파업을 주동한 혐의로 아직도 복역 중이다.

어쨌든 당시 상황은 그만큼 급박했다.

회계 조작, 그리고 2,646명에 대한 사형선고

2009년 1월 8일 상하이차 본사에서는 이사회를 열어 법정관리 신청을 의결한다. 한국 법원은 2월 6일 이 신청을 받아들였다. 상하이차의 법정관리 신청 이후 보수 언론에서도 상하이차를 비판하는 기사를 싣는다.

상하이차의 철수가 사전 시나리오에 따라 치밀하게 준비됐다는 의혹도 제기됐다. 쌍용차 노조와 일부 애널리스트는 쌍용차의 중국인 이사의 임기를 그 근거로 들었다. 중국인 이사 6명 중 5명의 임기는 모두 올해 3월 말 끝난다. 대주주인 상하이차가 중국인 이사들의 임기 만료 직전에 쌍용차에 대한 법정관리를 신청했다는 주장이다.

쌍용차에 따르면 이사회 의장을 맡고 있는 천훙 상하이차 총재는 2007년 3월 24일 임기 2년의 사내 이사에 재선임돼 올해 3월 임기가 종료된다. 쌍용차의 3인 대표이사 중 한 명이었던 장하이타오도 같은 날 임기가 끝난다. 상하이차는 2006년 3월 주주총회를 통해 중국인 4명, 한국인 5명이던 쌍용차 이사진을 현재의 중국인 6명, 한국인 3명 체제로 바꿨다.

산업은행 관계자는 "법원의 법정관리 개시 결정이 나는 데는 문제가 없을 것"이라고 말했다. 쌍용차의 경우 아직 부도난 어음도 없고, 자산(약 2조 원)이 부채(약 8,000억 원)를 크게 초과하기 때문이라는 것이다.

—〈조선일보〉, 2009년 1월 13일자

그랬다. 누가 보아도 이 법정관리 신청은 이상한 점이 많았다. 우선 기업이라는 것이 계속해서 신제품을 내놓아야 하고, 신제품을 내놓기 위해서는 투자가 당연한 것인데, 회사를 인수한 후 한 푼도 투자하지 않고 있다가 경영이 악화되었다며 법정관리를 신청한 점, 또 법정관리란 채권자가 망할 위기에 있는 기업에 빚을 돌려받기 위해서 신청하는 것인데 최대주주인 상하이차가 직접 신청한 점, 아직 부도 위기도 맞지 않은 상태라는 점, 부채율이 150%가 넘지 않으면 재무상태가 건전하다고 보는 것이 관례인데 법정관리를 신청한 점 등 한두 가지가 아니었다.

게다가 법원은 노조와 시민단체의 반대에도 법정관리인의 한 사람으로 박영태 쌍용자동차 상무를 선임했다. 이 사람이 바로 경영부실의 책임자인데도 말이다. 쌍용자동차 노조는 "박영태 상무는 재무, 회계, 기획을 총괄했던 상하이차 자본의 철저한 하수인으로서 누구보다 이 사태의 책임자이다."라는 성명을 발표하면서 "관리인은 정상화를 위해 선임된 것인데도 이 사람은 다른 가능성은 모두 생각하지 않고 오직 구조조정의 필요성만을 역설하던 자다."라고 비난했다.

한편, 법원은 삼일회계법인을 통해 쌍용자동차에 대한 실사를 진행하고 있었다. 쌍용자동차의 존속가치가 청산하는 것보다 높게 나와야 회생절차를 밟을 수 있는 상황이었다. 우리는 이 대목에 주목해야 한다. 쌍용자동차의 정리해고가 비인간적일 뿐 아니라 불법이라는 혐의가 여기서 드러나기 때문이다.

상하이차가 내세운 유동성 위기만으로는 자본 철수 명분이 미진했다. 그들은 좀 더 확실한 명분을 만들어야 했고, 2008년 말 쌍용자동차의 의뢰를 받은 안진회계법인은 갑자기 쌍용자동차의 건물, 구축물, 기계장치, 공구와 기구 등 유형 자산 평가에 문제가 있었다면서 쌍용자동차의 자산 평가액을 전년도보다 5,177억이나 감액한다.(표 1 참고)

즉 건물의 손상차손(손상차손이란 자산이 낡아가기 때문에 만일 미

표 1. 안진회계법인이 작성한 2008년 감사보고서 중 유형 자산 손상차손 항목

계정과목	2007년	2008년
건물	2,352,689	202,826,739
구축물	86,498	37,543,795
기계장치	834,055	104,691,874
차량운반구	27,690	2,356,869
공구와 기구	2,957,545	162,915,873
비품	64,829	7,308,163
건설 중인 자산	650,000	44,180
계	6,973,306	517,687,494

(단위: 1,000원)

래에 그것을 팔았을 때 현재보다 헐값을 받게 되는 손해액을 말한다. 예를 들어 내가 어제 1,000만 원에 자동차를 샀는데 바로 팔 일이 있어 중고차 시장에 내놓게 되면 중고차란 이유로 950만 원 이상은 못 받을 것이다. 이때 손상차손액은 50만 원이다. 즉 그것을 지출하지 않았지만 지출한 것이나 마찬가지라는 이야기이다.) 누계액이 2007년도 약 23억 원에서 2008년도 약 2,000억 원으로, 구축물의 손상차손 누계액이 2007년도 약 8,600만 원에서 약 375억 원으로 증가한 것으로, 기계장치의 손상차손 누계액이 2007년도 약 8억 원에서 2008년도 약 1,000억 원으로 기재되어 있다. 지진이나 화재가 일어난 것도, 외계인이 나타나서 건물에 전부 구멍을 뚫은 것도 아닌데 갑자기 모든 건물, 기계장치, 차량운반구의 자산가치가 이렇게 변하는 일이 있을까? 8억 원의 손상이 어떻게 일 년 만에 1,000억 원으로,

8,600만 원이 375억 원으로 증가할 수가 있는 걸까?

　이 찬란한 회계보고서로 인해 오직 서류상으로만 2008년 9월 말까지 168%에 불과했던 부채비율은 561%로 증가한다. 또한 당기 순손실 역시 2008년 9월까지 980억 원이었으나 3개월 만에 7,100억 원으로 치솟는다. 이제 누가 봐도 부채비율 600%, 당기 순 손실 7,000억 원의 문제기업이 되는 것이다(2008년 모기업이 파산해 문제가 더 심각했던 GM대우의 경우 손상차손은 28억 원, 위기에 처했을 때 르노삼성이 21억 원이었다. 그런데 유독 이때 쌍용자동차에서만 5,000억 원이 넘는 손상차손이 발생했다는 것이다.).

　어떻게 기업의 건축물과 기계장치, 설비 등이 일 년 만에 100분의 1, 1,000분의 1로 가치가 떨어져버릴 수 있단 말인가. 이것은 지진이 일어나거나 토네이도가 휩쓸지 않고서야 있을 수 없는 일이었다. 그러나 우리는 여기에 이의를 제기할 수 없다. 이들은 면허증을 가진 회계법인, 즉 권위 있는 전문가 집단이었고, 이들의 감정은 바로 법이 된다. 그들에게 부여된 면허증에 양심과 도덕이라는 항목이 있는지는 모르겠지만 말이다.

　이것이 2008년이었는데, 2009년 법정관리와 회생절차를 신청하면서 쌍용자동차는 삼정KPMG에 회계감사를 의뢰하고 얼마의 인원을 정리해고해야 하는지를 묻는다. 삼정KPMG는 새로 자산을 측정하지 않고 2008년 안진회계법인이 작성한 감사보고서를 바탕으로 2,646명을 감원해야 한다고 결론을 내렸다. 삼정

KPMG, 삼일회계법인, 안진회계법인은 한영회계법인과 더불어 우리나라 최대 회계법인이다(삼정KPMG는 이미 2006년 외환은행 주가조작을 통한 론스타 해외 헐값 매각 사건에 론스타가 지정한 회계법인이다. 이쯤 되면 생각나는 것이 많을 것이다.). 이런 대형 회계법인들은 서로 긴밀한 학연, 지연 등의 인맥으로 얽혀 있다. 위안부 할머니들이 일본 정부를 상대로 낸 소송에서 법률사무소 김앤장이 일본 정부 측 변호를 맡아 화려한 언변과 광범위한 인간관계망으로 2심까지 승소하면서 위안부 할머니들의 가슴에 대못을 박은 일이 떠오르는 것은 왜일까.

이 대형법인 외에도 평가를 행하는 또 하나의 기관이 있는데 바로 한국감정평가원이다. 그런데 한국감정원의 평가는 아주 달랐다.(표 2, 3 참고)

손상이라는 게 시간이 지남에 따라 자산이 줄어드는 것을 말한다면, 어떻게 같은 건물, 같은 시설, 같은 기계장치를 나중에 평가한 액수가 더 비싸게 매겨질 수가 있을까?

금속노조법률원 김태욱 변호사는 "이처럼 손상차손이 과다하게 계상되지 않았다면 실제 부채비율은 561%에서 187%로 감소하게 된다."고 지적했다. 실제 2008년 9월 말, 쌍용자동차의 부채비율은 168%였다. 당시 기아차는 178%, GM대우는 184%였다. 그럭저럭 나쁘지 않은 수준이었다. 그런데 2008년 말을 기준으로 작성된 보고서에서 이 수치는 불과 3개월 만에 561%로 훌쩍 뛰어

표 2. 한국감정원 감정평가(2009. 3. 10.)와 관리인들 주장(2009. 3. 27.)의 평가액 차이

구분	토지	건물	구축물	기계장치	합계	차액
2007년 말 장부가액	278,763	423,958	63,045	244,902	1,010,668	676,820 (한국감정원 평가액과 회계감사 평가액의 차이)
2008년 말 장부가액	290,701	213,029	22,306	125,472	651,508	
2008년 말 손상차손	–	202,827	37,544	104,692	345,063	
감정평가액 (한국감정원)	661,348	345,047	23,517	298,416	1,328,328	
2008년 공시지가	606,432	–	–	–	–	

(단위: 100만 원)

· 감정평가액의 가격기준일은 2009년 2월 5일, 작성일자는 2009년 3월 10일임.
· 장부가액의 기준일은 2008년 12월 31일, 감사보고서일은 2009년 3월 27일임.
· 토지의 공시지가는 2008년 1월 1일 기준임.

표 3. 쌍용자동차 건물, 구축물, 기계장치 평가액의 차이(토지 제외)

2007년 말 장부가액	법정관리 시점			비고	검토 시점
약 7,300억 원	회사			2008년 결산 재무제표	2009. 2. 20. (이사회)
	안진회계법인	약 3,600억 원 (자산 손상 반영)	전년대비 49%	2008년 감사보고서	2009. 3. 27.
	삼정KPMG			경영정상화 방안 보고	2009. 3. 31.
	한국감정원	약 6,700억 원	전년대비 92%	감정평가	2009. 3. 10. (평가서 작성)

오른다. 쉽게 납득이 되지 않는 대목이다.

  이후 회생절차에 따라 쌍용자동차 측은 유형자산 평가액에 대한 재감정을 의뢰했다. 한국감정원은 2009년 2월 5일을 기준으로 한 자산감정평가서를 3월 10일에 내놓았다. 규정대로 시가를 기준으로 작성된 한국감정원의 유형자산 평가액은 안진회계법인이 작성한 것보다 두 배 가까이 많았다. 안진회계법인의 감사보고서보다 두 달가량 나중에 집계된 '최신' 자료에 근거한 내용이었다. 그럼에도 쌍용자동차 측은 이를 반영하지 않고 2008년 12월 31일을 기준으로 한 안진회계법인의 보고서를 3월 27일 그대로 제출했다. 이는 '기업회계기준 제6호'를 지키지 않은 사례라는 게 김 변호사의 판단이다.

  회사가 어려워져 도산에 이르렀는데, 자신의 자산이 더 있다는 평가가 아니라 나는 가난뱅이이고 곧 망한다는 보고서만 제출한 것이다. 이유는 뭘까. 더구나 이는 법률 위반이다.

  이 회계법인들은 쌍용자동차 노조와 금속노조, 그리고 사회단체 등에 의해 주식회사의 외부 감사에 관한 법률 위반 및 채무자 회생 및 파산에 관한 법률 위반으로 고발당한 상태이지만 2012년 7월 20일 현재 검찰이 조사에 들어갔다는 보도는 어디에도 없다. 이들은 대체 무슨 근거로 일 년 사이에 건물의 손상이 23억 원에서 2,000억 원으로 늘어났다는 것일까? 그 정도라면 3년이 지난 지금 쌍용자동차 기계들은 고철 처리되고 건물은 부슬부슬 허물어져야 하지 않을까?

앞서 말한 대로 노동자들을 정리해고하기 위한 근거가 되었던 회계 자체가 무효이므로 이 정리해고는 무효라는 소송이 제기되었다. 다음은 김태욱 변호사가 2012년 6월 4일 〈미디어 오늘〉과 인터뷰한 내용 중 일부이다.

미디어 오늘 해고무효소송 1심에서 법원은 정리해고가 정당했다고 사측의 편을 들어주지 않았나.

김태욱 판결 이유를 보면 정리해고가 도산을 피하기 위한 불가피한 선택이었다는 것이다. 이건 회계부분에 문제가 없다는 전제하에 판단을 한 거다. 일단 그 판단이 잘못됐다고 본다. 당시에 1심 공방 과정에서 재판부가 삼정KPMG의 보고서와 정리해고가 별다른 관련이 없다고 본 것 같다. 그 보고서가 (조작된 수치들이 포함된) 재무제표에 의존한 것 같지도 않고, 작성기준 위반도 아니라고 판단했다. (앞에서 말한 것처럼) 그 판단의 근거가 틀렸다고 본다.

당시 이런 공방이 있으니까 1심 중간에 회사 측의 주장이 미묘하게 바뀌었다. 원래는 그야말로 '긴박한 경영상의 이유', 즉 순수한 의미의 정리해고였다는 식으로 주장을 하다가 재판 후반부에는 쌍용차가 원래 타사에 비해 인력 효율성이 떨어지기 때문에 정리해고를 해야 한다는 식의 주장을 덧붙이고 있다. 첫 번째 부분에서 문제가 있다는 걸 스스로 어느 정도 인정했기 때문에 그런 이유를 덧붙인 게 아닌가 싶다. 실제로 쌍용차 정리해고를 외부에서 봤을 때 회사가 효율성을 좀 더 높이기 위해 정리해고를 했다고 생각할 사람이 누가 있겠나.

쌍용차가 2009년 1월 초에 제출한 '회생절차 개시 신청서'를 보면 회생절차를 밟게 된 여러 이유를 들고 있는데, 그중 하나가 '투자가 없었고, 기술개발이 없었다.'는 거였다. 인력구조 문제에 대해서는 전혀 언급이 없다. 오히려 신청서에는 '쌍용차의 근로자들은 고도로 훈련되고 전문적 지식과 기술을 갖춘 우수한 인재들이고, 충성심 높은 인재들이기 때문에 회생 계획대로 함께 헤쳐 나가면 빨리 회생절차를 졸업할 수 있을 것'이라는 식으로 되어 있다. 삼정KPMG의 보고서가 나오기 전까지는 이렇게 대규모로 구조조정한다는 계획 자체가 없었다. 문서상으로는 적어도 그렇다. 내부적으로 생각했는지는 모르겠지만 문서상으로는 없는데, 그 보고서가 기점이 되어서 '회생절차를 졸업하기 위한 유일한 방안은 정리해고다.'라는 식으로 돌변해버렸다.

미디어 오늘 1심 법원의 판단이 잘못됐다고 볼 또 다른 근거가 있나.

김태욱 쉽게 말하면, 회생법원과 조사위원들이 회사 측이 제출한 회생계획안이 적정한지 판단하는 역할을 하지는 않는다. 회생법원은 어디까지나 당시 쌍용차 관리인(박영태, 이유일 및 대리인 삼정KPMG)이 제출한 회생계획안이 실행 가능하냐, 아니냐를 볼 뿐이다. 예컨대 실제로는 100명만 정리해고하면 기업이 살 수 있다고 가정했을 때, 기업에서 500명을 하겠다고 하면 법원은 살 수 있는 가능성이 높아진다고 보지 않겠나. 그러면 당연히 회생절차 개시를 승인하는 것이지, (정리해고) 인원을 더 줄이라고 얘기하지는 않는다. 그게 회생법원의 역할이 아니기 때문이다. 그런 점에서 맹점이 있다.

1심 정리해고 판결을 보면 회생법원과 조사위원이 (정리해고 안이 포함된) 이 회생계획을 인가했다는 걸 '정리해고가 정당했다'는 근거로 들고 있는데, 그건 이런 이유에서 당연히 근거가 될 수 없다. 회생법원과 그 조사위원은 이게 적정한 규모인지, 혹은 해고가 아닌 다른 방법으로 동일한 효과를 달성할 수 있는지 판단하지 않았기 때문이다. 그런데 정리해고를 판단하는 민사법원은 그 적정성을 판단해야 할 의무가 있다. 현재 근로기준법상 정리해고는 '최후 수단'으로 하게 되어 있기 때문이다. 다른 수단으로 똑같은 효과를 달성할 수 있다면 그걸 채택해야 한다. 그런 민사법원이 회생법원의 판단을 근거로 삼은 것은 잘못됐다는 거다.

쌍용차는 다른 수단이 있는지 검토를 안 했다고 본다. 해고 회피노력을 제대로 하지 않은 거다. 대신 우리 법원이 정리해고 자체에 반대하는 파업은 거의 다 불법이라고 보고 있기 때문에, 노조가 파업을 하더라도 오래 못할 것이라고 판단했을 가능성이 높다. 회사는 그냥 밀어붙이면 정리해고 목표를 달성할 수 있다고 생각했던 거고, 그게 다른 방식보다 더 손쉬운 방법이라고 생각했던 게 아닌가 하는 생각이 든다.

　이 정리해고 무효소송의 판결이 원고인 노동조합의 패소로 결정된 지 얼마 후 22번째 희생자가 자신의 아파트에서 투신한다. 아무 유서도 남기지 않은 그의 죽음의 정확한 이유는 알 수 없지만, 동료들은 그가 1심의 판결에 대해 많은 기대를 했다가 몹시 실망하는 말을 했다고 한다. 이 사회에 과연 정의가, 희망이 있을 수 있느냐며 개탄도 했다고 한다. 앞으로 2심, 3심이 남아 있고, 재판은 법원의 재량이지만, 어쨌든 그는 더 기다릴 여유도 희망도 없었던 것 같다.
　판사들의 말에 따르면, 어떤 사건, 어떤 흉악범에게든 사형선고를 내리고 나면 한동안 인간으로서 많이 힘들다고 한다. 인간으로서 당연한 일일 것이다. 그런 노고를 치하하는 바이다. 그러나 이 판결로 인해 오직 쌍용자동차가 인생의 전부였던, 세상에 의지할 사람이라고는 아무도 없는 노동자가 바람 찬 봄밤 23층에서 몸을 던졌다는 것을 그분은 알까. 그것은 눈에 보이지 않고 들리지도 않아서 더욱 잔인하고 조용한 사형선고였다는 걸.

　한편, 이와는 별도로 법원이 상하이차의 기술 유출에 대해 무혐의를 선고했다고 말한 바 있다. 이 판결의 근거가 된 것은 자동차 부품연구원이 내놓은 보고서였다. 그런데 이 연구소는 쌍용자동차 전 대표가 이사로 재직하고 있다. 범죄의 용의자가 증거에 대해 스스로 감정해서 법원에 제출한 꼴이다. 쌍용자동차가 컨설팅을 의뢰한 회사는 론스타를 변호한 회계법인 삼정KPMG이다. 법원이 지정한 법정 관리자는 바로 이 사태의 책임자(글쎄,《도가니》에 나오는 인화학교 교장에게 사태 조사와 수습을 맡긴 꼴이라고 하면 지나친 과장일까?). 정작 영장을 발부받아 쌍용자동차를 수색해 기술 유출 혐의로 기소한 검사는 사라지고, 재판은 이유 없이 지연되고, 자료는 열람되지 않는다……. 이쯤 되자 나는 '도가니'가 광주에만, 장애아들이 다니는 외딴 사립학교와 교육청에만 있는 것이 아니라는 생각이 들었고, 이렇게 버젓이 대기업에서도 이루어지고 있다는 사실에 전율했다.

내가 명명한 그 '도가니' 같은 사태는 여기서 끝나지 않는다. 2008년 회계 조작을 권장 또는 주도한 혐의가 짙은 안진회계법인은 2010년 상하이차로부터 회사를 매입하는 인도 마힌드라사의 주간사로 변신한다. 쉽게 말하자면 "그 집에 귀신 나와요."라고 소문낸 다음 친구를 데려와 싼값에 사게 하는 악덕 부동산 업자에 비할 수 있을까? 안진회계법인은 현재까지 마힌드라사의 감사로 활동하고 있다.

그럼 3대 회계법인 중 하나인 삼정KPMG는? 아까도 말했다시

피 이 회사는 론스타 '먹튀'를 도와준 회사인데, 이 회사는 상하이차 쪽에서 정리해고 후 회사를 팔 때 상하이차의 주간사가 된다. 이들이 얼마나 많은 수수료를 받았는지 나는 모른다. 단순 부동산 거래라고 쳐도 어마어마한 액수일 것이니 그저 많은 액수겠구나 짐작할 뿐.

그런데 한 가지 더 오묘한 일이 여기에 보태진다. 갑작스런 해고에 항의하던 노동자들을 경찰과 정부, 보수 언론이 벌레처럼 짓밟아 내쫓아버린 후 상하이차는 쌍용차를 팔려고 내놓는데, 그 매각에 단순히 삼정KPMG만 수수료를 먹겠다고 나선 것이 아니라는 사실이다. 쌍용차 측은 인수·합병 용역의 주간사로 삼정KPMG 컨소시엄을 선정해 서울중앙지방법원에서 허가를 받았다. 컨소시엄이란 규모가 큰 사업이나 투자 따위를 할 때, 여러 업체 및 금융 기관이 연합하여 참여하는 것을 말하는데, 상하이차의 매각에 왜 컨소시엄이 필요한지 모르겠거니와 이때 난데없이 맥쿼리 증권의 이름이 보인다. 맥쿼리? 들어본 이름이지 않나? 최근 제멋대로 통행료를 올린 우면산 터널에도 맥쿼리란 이름이 보이고, 지하철 9호선에도 보이고, 인천공항을 파는 것이 소원인 이명박 대통령만큼 간절하게 인천공항을 사고 싶어 하는 명단에도 이 이름이 보인다. 이명박 대통령의 친형인 이상득 전 의원의 큰아들 이지형이 2007년 9월까지 맥쿼리 IMM의 자산 운용사 대표로 있음을 참고로 알려드린다.

그리하여 쌍용차는 이익도 못 내고 시설은 다 낡아빠지고 노동자는 너무 넘친다는 요지의 보고서로 2,646명을 해고했다. 2004년까지 현대자동차보다도 수익률이 높던 쌍용자동차의 자산가치를 파격적으로 깎아내린 두 주인공, 안진회계법인과 삼정KPMG는 각각 마힌드라사와 상하이차의 주간사가 되어 마주보고 사이좋게 도장을 찍는다. 이분들은 참 자주 만나겠다 싶다. 이들은 얼마의 수수료를 받아갔으며, 맥쿼리는 난데없이 여기 왜 나타났는지……. 앞으로 다른 분들이 더 밝혀주시기를 바란다. 나는 그것이 정말 알고 싶다.

유령처럼 스며든 명단

자, 이제 우리는 걸음을 재촉해 그날로 돌아가보자. 2,646명을 구조조정하겠다는 회사의 발표가 있던 그날로 말이다. 노조나 노동자들은 내가 앞에서 설명한 모든 것을 대충 알고 있었다. 상하이차가 예상대로 불법 기술 유출을 하고, 이제 이용가치가 없자 회사를 부도 상태에 가깝게 만든 후 철수하려 한다는 것을 말이다.

이때 새로 탄생한 한상균 지도부는 회사를 살리기 위한 나름의 계획을 세워 자구안을 발표한다.

1. 우선 현재 8시간 주야 맞교대로 되어 있는 작업을 5시간씩 3조 2교대로 한다. 즉 일자리 나누기를 통해 총고용을 유지한다(이렇게 되면 노동자들의 임금은 형편없이 줄어든다. 상하이차

인수 후 복지가 축소되고 라면까지 끊긴 노동자들의 제안이다.).

2. 노조가 비정규직 고용안정기금 12억 원을 만든다. 비정규직과 정규직이 함께 살아야 한다(회사가 돈이 없다는 이유로 비정규직을 계속 내보내자 이런 제안을 하기에 이른다. 이것은 한상균 지도부 이전에는 생각하지 못했던 일이라고 했다. 언제든 나가라면 나가야 하는 하루살이 노동자들도 함께 살아야 한다는 공감대가 이루어진 것이다.).

3. C-200 긴급자금, R&D 개발자금 1,000억 원에 대해 쌍용자동차 노조가 담보한다(당시 코란도C 개발이 회사의 경영난으로 지체된다는 소식을 듣고 이런 제안을 한다. 1,000억 원은 바로 노동자들의 퇴직금을 담보로 정부에 요구하겠다는 것이다. 솔직히 이 제안을 보았을 때 잠시 멍했다. 상하이차는 미국보다 외환보유고가 많은 중국의 대기업이다. 약속한 투자를 한 푼도 안 했다. 언제든 꾸어준다는 중국은행의 대출 2,000억 원이 남아 있다는 것을 이때 노조는 몰랐을 것이다. 정말 돈이 없는 줄 알고 이런 제안을 했을 것이다. 퇴직 이후 그들의 삶을 지켜줄 유일한 방패를 전부 내놓고라도 회사를 지키고 싶다는 것이다.).

조합원들은 회사가 어렵다니까 이처럼 자신들이 가진 모든 것을 내놓더라도 함께 살기 위해 애썼다. 그러나 정부와 채권단, 그리고 회사는 일방적인 해고 외에는 아무 생각이 없었다. 대화도

하지 않으려 했다. 그들이 해고하려는 2,646명은 전체 노동자의 37%, 현장직 노동자의 43%에 해당하는 숫자였다. 그리고 이것은 앞서 말했던 안진회계법인과 삼정KPMG, 즉 대형 회계법인의 작품이었다. "함께 살자!"는 노조의 외침에 "미안하지만 너희가 좀 죽어줘야겠어."라는 대답일까?

이때부터 사람을 사람이 아니라 치워야 할 비용으로 보는 자들에 의한 보이지 않는 무자비한 폭력이 시작된다. 나는 22명이 자살한 원인을 이 순간부터 찾는 것이 옳다고 보았다. 이때부터 혼돈과 경계, 그리고 내가 살기 위해서는 남이 죽어야 한다는 비인간적 폭력이 노동자들에게 가해지기 때문이다.

사람이 사람을 괴롭히는 방법은 사람의 수에다 다시 사람의 수를 곱한 것처럼 무한대일 것이다. 나는 엄마가 된 후 가끔 내가 고운 말만 쓰고 아이에게 매 한번 들지 않고도 어떻게 아이를 괴롭히고 학대할 수 있는지를 알게 되었다. 머리만 써서 아이를 망치는 방법은 천 가지도 넘을 것이다. 아이와 부모의 관계에서 당연히 부모가 주도권을 쥐고 있기 때문이다. 심리학자들에 의하면 부모의 양육태도가 아이들의 정신질환의 원인이 되기도 하는데, 그중 아이를 가장 괴롭히는 것은 모호함이라고 한다. 예를 들어 부모의 양육태도가 양가적일 때 그 아이는 정신병에 걸릴 확률이 높다는 것이다(그렇다고 정신적 질환이 있는 아이의 부모가 모두 이렇다는 것은 절대 아니다.).

분열증으로 병원에 입원한 아이를 면회하러 온 자리, 어머니는 차가운 목소리로 이렇게 말했다는 대목을 읽은 적이 있다.

"얘야, 내가 여기 온 것이 반갑지 않은가 보구나."
아들이 대답했다.
"아니에요, 어머니. 반가워요."
어머니가 차갑게 대꾸했다.
"거짓말, 넌 나를 안아주지 않잖니?"

그때 입원한 소년은 몹시 당황하고 의사는 예리하게 어머니를 관찰한다. 그리고 이렇게 썼다.

"그의 어머니는 차가운 목소리로 나를 안아주지 않는다며 아이를 비난했다. 아이는 당황하며 어머니 쪽으로 가려고 했다. 그런데 그의 어머니는 말과는 아주 다른 태도를 취했다. 즉, 아들이 어머니를 안으려고 왔으나 꼼짝도 않고 그 자리에 앉아 있었던 것이다. 소년은 더욱더 어쩔 줄 모르고 있었다. 어머니의 비난은 계속되었다. 나는 어머니의 양육태도가 이 아이의 병인과 무관하지 않음을 알아차렸다."

일전에 가톨릭 피정을 갔다가 '악의 특징'이라는 정의를 배우게 되었다. 나는 그저 '나쁘고, 못되고, 잔인하고' 같은 것들을 상상하고 있었는데 뜻밖에도 아주 간단한 단어들이 나열되었다.

  혼돈, 지연, 분열.

  쌍용자동차에 대한 자료들을 읽었을 때 나는 가톨릭 피정에서 배웠던 세 낱말을 떠올렸다. 쌍용자동차의 노무관리는 이 모든 것의 종합선물세트 같았다.

  정리해고는 우선 풍문으로 평택 시내를 한 바퀴 돌고 난 후 유령처럼 집 안 곳곳에 스며들었다. 술집에도 거리에도 목욕탕에서도 그것은 안개처럼 늘 자욱이 깔려 있었다. 그렇다고 딱히 발표되는 것도 없었다. 쌍용자동차 관리자들은 틈만 나면 한 사람 한 사람에게 전화를 걸어 희망퇴직을 종용했다. 이른바 정리해고 명단이라는 것을 흘리는 방식이었다. "어차피 자네는 거기 들어 있어, 틀림없다니까." 이런 식으로 말이다.

  그럼 정리해고의 기준은 있었나? 아무도 그것을 알 수 없었다. 실제로 야근과 특근을 밥 먹듯이 하고 한 번도 결근하지 않은 노동자들은 해고되고, 자신은 결근과 조퇴가 많아 해고될 거라고 생각했던 사람은 남은 경우도 많았다. 어떤 노동자는 대체 왜 해고되었느냐고 따지니 "총각이라 그랬다."는 어처구니없는 대답을 듣기도 했다.

  희망퇴직자에게는 2개월 치의 임금이 수당으로 지급되었다. "어차피 해고될 건데, 그 전에 희망퇴직을 신청해서 그 돈이라도 챙겨라."라는 말에 노동자들의 마음은 흔들렸다. 작업이 끝나면 관리자들과 식사라도 하려고 줄을 서는 사람이 늘어났다. 자신이 그 명단 안에 들어 있는지 아닌지 알기 위해서였다. 작업장은 뒤숭숭해지고 모두가 말이 없어져 갔다. '회사가 어려우니 이럴 때 쌍용 자동차를 새로 산 사람은 명단에서 빼준다더라.' 라는 말도 돌았다. 더 받을 수 없는 대출을 늘리고 일가친척에게 돈을 빌려 쌍용 자동차를 새로 산 사람도 있었다. 한마디로 아무 기준도 없었다.

 사람들은 남는 명단에 있을 사람을 '산 자', 나가야 한다고 지적당한 사람을 '죽은 자'라고 불렀다. 자조 섞인 농담이었으리라. 그러나 평택 시내에는 아이들까지 산 자와 죽은 자를 알았고, 산 자와 죽은 자 사이에 가느다란 도랑이 파이고 졸졸 물이 흐르기 시작했다. 나중에 시냇물이 되고 폭포가 되어 대양처럼 넓어져 정말로 산 자와 죽은 자처럼 다시는 서로 만나지 못하게 되었다.

의자놀이

의자놀이가 생각났다. 어렸을 때 하던 그 놀이. 의자를 사람 수보다 하나 덜 놓고 노래를 부르며 빙글빙글 돌다가 노래가 멈추는 순간 재빨리 의자에 앉는 놀이. 행동이 굼뜬 마지막 두 명은 엉덩이를 부딪치며 마지막 남은 의자를 차지하려 하고, 대개는 한 명이 엉덩이를 붙이지 못하고 미끄러지는 것으로 끝이 난다. 정말 그럴 생각은 없지만, 마지막 순간이 되면 술래가 되지 않기 위해 친구를 밀어버리고 내가 앉아야 하는 그 의자놀이. 쌍용자동차 관리자들은 이 거대한 노동자 군단에게 사람 수의 반만 되는 의자를 가져다 놓고 마치 그런 놀이를 시키는 것 같았다. 기준도 없고, 이유도 납득할 수 없고, 즐겁지도 않으며, 의자를 놓친 자들에게는 죽음을 부르는 그런 미친 놀이를.

15년에서 20년을 다닌 정든 일터. 나태하지도, 규율을 어기지도 않았다. 몸이 아파도 열심히 일했다. 라면과 요구르트 지급을 중단한 것도 치사하지만 참았다. 회사를 살리기 위해 생애 마지막으로 만져볼 유일한 목돈, 퇴직금을 담보로 내놓자는 노조의 의견에도 모두 동의했다. 그런데 이제 "너, 나가!" 하면 "네, 알겠습니다." 하고 나가야 하나? 사람이라면 질문해야 하고 합리적인 납득을 기다려야 한다. 당신이라면 그렇지 않겠나?

　일터는 단지 먹이를 구하기 위해 가는 장소가 아니다. 돈만 벌면 어디든지 다 좋다는 사람의 이야기가 아니다. 일터, 우리에게 생활을 보장해주고, 우리에게 밥과 의복을 주며, 사람들을 엮어내서 인간의 사회적 욕구를 펼치게 해주는, 우리의 품위와 자부심, 그리고 긍지를 주는 내 인생이 펼쳐지는 현장이다. 가정과 직장, 이 두 들판이 우리의 인생인 것이다. 그리고 가정이 무너지면 가끔 직장생활도 무너지지만, 일터가 무너지면 가정은 거의 대부분 무너진다. 아무런 사회안전망, 즉 재취업과 실업보험, 혹은 무상교육, 무상의료, 주거 등에 대한 약속 없는 정리해고는 삶에서 해고된다는 말과 같다.

　정리해고 확정 발표가 있은 지 약 20일 후인 5월 13일, 세 사람은 짐을 싸가지고 높이가 70미터나 되는 굴뚝으로 올라간다. 금속노조 쌍용자동차 지부 김을래 부지회장, 정비지회 김봉민 부지회장, 비정규직지회 서맹섭 부지회장이 그들이다. 아직 전면 파업은 결정되지 않은 상태였으나 그들이 내건 구호는 '정리해고 반대, 총고용 사수!', '함께 살자.'였다.

비정규직과 정규직이 나란히 올라간 것이 큰 의미일 것이다. 70미터는 30여 층 건물의 높이와 같다. 이들은 8월 6일 헬기로 구출되기까지 86일간 거기에 머무른다. 파업이 끝났을 때는 걸어 내려올 수 없을 만큼 몸이 허약해져 있었다. 시퍼런 장정 셋이 제대로 몸을 누일 수도 없는 좁은 곳에서 그 오랜 시간을 앉아 있었으니 그럴 수밖에 없었으리라. 나중에 크레인에서 내려온 김진숙 씨는 바로 병원으로 호송되었지만, 그들은 처음의 약속과는 달리 그 자리에서 바로 구속된다. 그들에게는 김진숙 씨를 주시하고 보호하려고 둘러싼 시민이 없었기 때문이었다. 그래서 그들은 아무도 모르게 끌려갔다.

처음 사다리를 오르던 날, 86일 동안이나 굴뚝에 있을 거라는 생각을 했을까. 지붕이 없는 한뎃잠을 자야 했고, 용변은 페인트 통에 해결했다. 바람이 불면 굴뚝이 흔들렸다. 낮엔 덥고 밤엔 추웠으리라. 왜 우리나라 노동자들은 사람 살 곳이 못 되는 그 높은 곳으로 올라가야만 하는 것일까? 왜 이토록 일자무식하게 삶과 죽음의 벼랑 끝에 서 있어야 하는 걸까? 그들은 어쨌든 그곳에 갔다. 법원에서 집행유예를 선고하며 "물의를 빚은 점은 인정되나"라던 판사에게 김진숙 씨는 말했다. "물의라도 빚지 않으면 누가 우리의 말을 들어줍니까?"

서맹섭 부지회장의 두 살짜리 아들이 가끔 굴뚝 밑에서 손을 흔들며 전화기를 통해 말했다.

"아빠, 왜 그렇게 높은 데 있어? 개미같이 쪼그맣게 보이잖아. 내가 아빠 얼굴 잘 보고 싶은데."

며칠 후 노조는 조합원들의 절대적인 찬성으로 파업을 결의한다.

5월 22일 노동자들이 모여들었다. 관리자들은 쌍용자동차 성격상 400명도 오지 않을 것이라 예측했다. 당시 조합원 수 5,150명. 그러나 예상을 깨고 농성 첫날 1,038명이 모였다. 이는 점점 늘어나 한때 1,500명에 육박한다. 여기에는 정리해고 대상이 아닌 조합원 100여 명도 포함되었다. 형제 중 한 사람은 해고, 다른 한 사람은 근무, 매제와 처남이, 중·고등학교 친구가 그렇게 갈라졌다. 죽은 자는 서럽고 산 자는 괴로웠을 것이다.

조합원들은 미리 준비한 컨테이너 4개로 정문을 막고 평택 공장의 전 출입구를 자물쇠로 잠갔다. 그리고 컨테이너에 스프레이로 이렇게 썼다.

'여보, 사랑해'

'해고 1순위 매각 당사자'

며칠 후인 5월 26일, 조합원들은 그때까지 공장 안에 있던 관리자들을 밖으로 내몰고 지게차 등으로 바리게이트를 쳤다. 그러나 서로 휴대전화가 통하는 상황에서 관리자들은 끊임없이 조합원에게 전화를 걸어 "이번에 나오면 해고자 명단에서 빼주겠다. 마지막 기회다."라고 회유했다.

나는 이 부분에서 한참을 멈추어야 했다. 나라면, 나는 노동자가 아니고, 나는 해고당해본 적은 없지만, 나라면 흔들렸을 것 같아서였다. 다른 분들은 아니겠지만 마지막으로 나는 흔들렸을 것 같다. 아직 정리해고 명단이 법원에 제출된 것도 아니므로 전혀 신빙성이 없는 것도 아니니까 말이다. 그런데 그들은 흔들리지 않았다.

이날 놀라운 소식이 전해졌다. 조합원이 자택에서 쓰러져 사망했다는 것이었다. 사인은 신경성 스트레스로 인한 뇌출혈. 가족은 그가 정리해고뿐만 아니라 거듭되는 회사의 회유, 협박, 그동안 임금 체불에 의한 생활고 등으로 몹시 괴로워했다고 전했다. 그도 아마 관리자들의 전화를 받았을지도 모른다. "지금이라도 나오면 빼주겠다."는 말에 동요하는 자신을 책망했을지도 모른다. 모르겠다. 그렇다고 짐작한다는 것이다. 그러지 않았을 수도 있으리라. 사실은 아무도 모른다.

이때까지 공장 안에 있던 조합원들은 자신들이 해고되는지 아닌지 모르는 상태였다. 모호함과 의혹은 회사가 노동자들을 다루는 가장 큰 무기였다. 실제로 명확히 보여주는 게 아무것도 없었다. 더 시간이 지난 이후에야 해고통지서가 집으로 배달되기 시작했다. 그리고 파업을 하는 사람들에게 손해배상 청구소송을 할 거라는, 없는 이들에게는 가장 무서운 압류 협박이 이어졌다. 그것도 아직은 실체가 없었다. 유령들이 떠돌아다니는 것 같았다.

평택경찰서는 체포영장을 발부받아 노조 간부들을 체포하겠다고 발표했다. 회사 측은 '살아남은' 자들을 모아놓고 동의서에 서명하게 했다. "기본금 동결, 상여금 250% 반납, 연월차 수당 반납, 복지부분 중지/반납"

한 사람당 금액만 환산해도 1,000만 원이 넘는 돈을 포기하라고 했다. 이유는 어이없게도 "희망퇴직자들에게 약속한 2개월 치 월급을 주기 위해서"라고 했다. 글쎄, 멍텅구리배를 타고 무인도로 끌려간 사람들에게나 강요될 약속이 소위 대기업 노동자들에게 강요되고 있었다. 해고된 동료의 해고수당을 노동자들에게 내라고 하다니…….

만일 내가 영화를 만든다면, 공상소설을 쓴다면, 이 대목에서 그동안 참아왔던 사람들이 이런 악랄한 희생을 강요하는 관리자들에게 분노하여 파업의 대열로 들어가게 했을까? 만일 모든 노동자가 이런 조건을 거부하고 조합이 제시한 대로 자구적 노력을 함께하자고 말했다면……그랬다면 어떻게 되었을까……. 나는 그 후로도 생각하곤 했다. 당시 용산 참사에서 6명의 인명을 앗아가놓고 "법대로!" 했다고 소리치던, 역사상 가장 법을 안 지키는 현 정권이 더 잔인한 진압을 했을 수도 있겠지만, 적어도 22명의

의자놀이

자살자들은 나오지 않았을지도 모른다. 사람들은 폭력보다 절망에 의해 죽기 때문이다. 하지만 많이 배운 관리자들은 가난한 피고용자들이 빵 앞에서 얼마나 비굴하고 절망적인지 정확히 알고 있었다. 그리고 그들이 예측한 대로 모두가 단결하여 승리하는 일은 일어나지 않았고, 산 자들은 '살았으나 죽은 것 같은' 노동계약에 도장을 찍었다.

쌍용자동차 파업의 후유증은 나중에 이야기할 잔인한 진압, 비인권적인 정부와 사측의 처사 외에도 복잡한 요인을 안고 있는데, 그 큰 흐름 중 하나가 바로 이 산 자와 죽은 자들 사이를 끝없이 이간시키는 노무 관리자들이었다.

그리하여 또 한 사람이 죽는다. 바로 '산 자'에 들었던 사람이었다. 회사는 소위 산 자들을 강제 동원하여 데모에 앞장서게 한다. 옆의 동료가 하루아침에 해고자가 되면 어떻게 될지 그들이 가장 잘 알 것이다. 비굴한 도장을 찍고 살아남아야 했던 것도 그 이유에서일 것이다. 그런데 그들이 강제로 동원되어서 목숨을 걸고 싸우는 해고당한 동료들을 향해 비방하는 구호를 외쳐야 한다면 어떤 심정일까.

47세. 한창 자라던 아이들의 아빠인 김태훈 씨도 그런 경우였다. 그는 조합원이었고, 조합원의 역할을 열심히 했던 사람이었다. 6월 10일 평택종합운동장에서 진행된 사측의 관제 데모에 동원되어야 했던 그는 부산에서 버스를 타고 와 그 데모에 참석했다. 그리고 다시 버스를 타고 부산으로 돌아가 동료들과 저녁식사를 하던 중 쓰러졌다. 그날 그가 가장 많이 했던 말은 "어쩌다가 우리가 이런 처지가 되었나. 동료가 살겠다고 데모를 하는데 그나마 아직 안 쫓겨난 내가 가서 그들을 욕하는 구호를 외치니, 이게 사람이 할 짓인가. 노노분열을 부추기는 회사가 정말 싫어. 나는 요즘 거의 정상적인 생활을 할 수가 없다."였다. 관제 데모도 해고와 같은 살인이었다. 나중에 쌍용자동차 노동자들을 두루 만나보고 나는 이 사실을 좀 더 이해하게 되었다. 이들은 내가 만나본 어떤 사회 그룹보다 말하자면 '융통성이 없고, 그냥 순박한 모범생들' 같은 집단이었다. 옳으면 옳고, 아니면 아니었다. 참으로 반듯했다. 그들이 끼우던 그 부품들처럼 그렇게.

그리하여 자신의 비겁함을 견디기 힘들었던 가장 양심적인 사람이 또 하나 희생된다.

그리고 이틀 후 희망퇴직자 중 한 명이 자신의 차 안에서 번개탄을 피워놓고 자살한 시신으로 발견된다. 그는 희망퇴직 이후 아파트 대출 상환금 1,000만 원을 갚을 길이 없어 몹시 괴로워했다고 가족은 전했다. 해고가 시작된 지 한 달도 못 되어서 벌써 다섯 명이 희생되었다.

파업, 그리고 32시간의 첫 충돌

노조가 파업을 결정한 다음 날 노무현 전 대통령이 부엉이바위에서 몸을 던져 생을 마쳤다. 노무현 전 대통령의 죽음이 파업에 미친 장단점이 있었다. 단점은 다들 생각하다시피 현안에 가려져 쌍용자동차의 문제가 부각되지 못했다는 것이고, 다른 한편 즉각적인 진압에 나서지 못하는 경찰 때문에 노조가 안정적으로 파업대오를 갖출 시간을 확보하게 되었다는 것이다.

흔히 백 번의 교육보다 한 번의 파업 경험이 훌륭한 노동자 학교라고 하더니, 정말 노조원들은 놀랍게 변해갔다. 쌍용자동차 가족(주로 젊은 아내들이다.)이 주축이 되어 만든 가족대책위원회(이하 가대위)는 아직도 기억나는 것으로 함께 촛불 문화제를 하러 가족들이 공장에 들어갔을 때, 그 1,000여 명의 사람들이 한상균 지부장의 지도 아래 그토록 질서 있게 움직이고 청결한 것을 발견한 점이라고 말한다. 한상균 지도부는 조합원들과 끊임없이 소통했다. 조합원들은 하나같이 말했다.

"지도부가 모든 걸 공개했기 때문에 어떤 소문, 어떤 정보, 누구의 잘못 등이 모두 투명하게 처리되었죠. 소통이 확실하게 되었고, 우리는 지도부를 신뢰했어요. 우리보다 더 헌신적으로 뛰는 게 보였으니까."

그리고 조합원들은 변해가기 시작했다. 소위 평택에서 귀족 노동자라고 불리던 그들은 하청 노동자, 노동운동, 연대 등을 배웠다. 특히 자신들이 그동안 비정규직 노동자들이 받은 부당한 대우에 대해 얼마나 무관심했으며, 평택 공장 바로 옆 이젠텍의 파업도 모른 척했던 것을 반성했다. 파업을 왜 해야 하는지, 노동자들은 왜 단결해야 하는지도 알게 되었다. 파업에 참가했던 노동자는 이렇게 말했다.

"제가 쌍용에 있으면서 그런 경우는 처음 봤어요. 조합원들이 집회하면서 다 앉아 있잖아요. 이탈자가 없었어요. 어쩌다가 화장실 가는 사람 빼고. 확실히 조합원들의 모든 게 바뀌었죠. 집회를 서너 시간 해도 흐트러지지 않고 모두가 정신무장을 한 상태였던 거예요."

회사 측은 노노갈등을 유발하려고 갖은 수단을 동원했다. 6월

15일에는 헬기를 띄워 유인물을 살포했다. 한 번 띄우는 데만 600만 원이 든다는 헬기가 세 번째 뜬 것이었다. 유인물에는 '노조와 솔직한 대화'를 통해 '평화적 해결을 하자'는 문구가 쓰여 있었다. 그리고 16일에 맨몸으로 공장에 진입하겠다고 밝혔다.

16일이 되었다. 파업 후 처음으로 팽팽한 긴장감이 돌았다. '누가 우리를 대적하러 올 것인가……'라는 생각 때문이었다. 지도부는 절대 물리적으로 혹은 감정적으로 충돌하지 말 것을 당부했다. 공장 안에서 바깥을 지켜보던 조합원들의 얼굴은 몹시 어두워졌다. 10년, 20년 함께 일하던 동료들이 "어서 나가라!"라고 외치고 있었다. 회사 측의 정리해고, 무책임한 경영, 그로 인한 생활고를 함께 이야기하며 술잔을 기울이던 동료였다. 게다가 평택이라는 지역 특성상 현장에는 가족이 함께 근무하는 경우도 많았다. 형과 아우, 처남과 매부, 막내 삼촌과 조카가 그렇게 만났다.

"처음에는 이해하려고 했어요. 그래, 자기들도 먹고살기 위해 어쩔 수 없었겠지. 그렇지만 꼭 저렇게 나와야 하나 싶어 전화를 걸어 '다음부턴 오시지 마세요.'라고도 했지요."

그날은 하루가 참으로 길었다고 조합원들은 회상했다. 그러지 말자고 하면서도 아는 얼굴이 왔나 확인하게 되었고, 확인하는 순간 더한 분노가 솟아오르는 것도 어쩔 수 없었다. 미움은 사랑을 거친 후에 더욱 강해지는 것, 친밀함은 미움의 촉매이다. 우리는 어차피 비슷한 것들을 사랑하거나 미워하니까. 먼 사람들보다 가까운 사람들이 더 미운 것을 이성이 아무리 제어하려 해도, 머리가 최선을 다해도, 언제나 마음이 주인이었다. 그러나 그들은 아직 너그러울 수 있었다. 아직은 그렇게 많이 상처입지는 않았기 때문이었다. 아니, 많이 입었지만, 앞으로 입을 상상도 못할 상처에 비하면 말이다.

그리고 이제 요즘 우리 사회에서 가장 문제가 되는 집단의 하나인 용역이 등장한다. 말이 용역이지, 이들이 대리하는 것은 노동이 아니라 폭력이다. 이들은 해방 후 이승만 정권 때부터 지금까지 활개를 치며 치외 법권을 누리고 있다. 전직 대통령들도 서는 법정에 이들만은 서지 않으니 말이다. 쌍용자동차가 계약을 맺은 경비업체는 마린캅스라는 회사인데, 이들은 경찰과 비슷한 전투복장을 착용하고 사제 방패를 들고 있었다. 사측이 법원에 신청한 바에 의하면 이 용역회사에 지출한 돈은 6~7월 두 달간 총 28억 2,150만 원에 달한다. 이들의 일당은 무려 24만 7,000원으로 알려져 있다. 이 돈이 각 개인에게 다 지불되었는지 나는 확인하지 못했다. 어쨌든 이들이 신고한 액수는 그렇다.

여기까지 쓰고 나는 생각해본다. '대체 이 돈이면, 이 돈이면······.'

첫 충돌은 6월 26일에 있었다. 노동자들은 서로 팔을 엮고 대오를 맞추어 몰려오는 이들을 막았다. 그러나 맥없이 밀린다. 그리고 본관을 빼앗기게 된다. 차마 옛 동료에게 쇠파이프를 휘두를 수 없었기 때문이라고 했다.

이 과정을 인터뷰하던 내가 물었다.

"만일 쌍용자동차 노조의 파업이 결국 진 거라면 어쩌면 이게 첫 번째 패인이군요."

내 질문에 대답하던 노동자가 약간 놀라더니 고개를 끄덕였다.

"예리하시군요……. 그렇죠."

"이왕 싸움에 나선 거, 막아내야 하는 거 아니었나요?"

"네, 처음에 절대 폭력을 쓰지 말자던 한상균 지도부는 우리가 너무 순진했다며 반성했죠. 하지만 무엇보다 우리 자신이 차마 동료들에게 먼저 폭력을 쓰지 못했던 것도 이유였어요. 팔을 끼고 스크럼을 짜서 막는다 해도 쇠파이프 몇 번 날아오면 대오가 무너지잖아요. 우린 정말 싸워본 적이 없어서……."

이 첫 번째 충돌은 많은 상처를 남겼다. 첫 번째는 본관과 노조 방송차를 빼앗긴 것이고, 두 번째는 이들의 가슴에 두고두고 남을 상처였다.

"놀라운 게 그들이 쇠파이프를 들고 다가오는데 용역들이 제일 앞에 서긴 했지만, 이전에 대의원이나 (전 집행부에서) 노조 간부를 했던 분들이 제일 적극적으로 행동하는 거예요. 그냥 마지못해 하는 게 아니라 이렇게 해라 저렇게 해라 지휘까지……. 놀랍고 씁쓸했죠."

"입장을 바꾸어 생각해보면 이해할 수도 있을 것 같아요. 그들도 자기 생존이 달린 문제니까."

앞으로도 듣게 되겠지만, 그들은 늘 이랬다. 이해한다고 했다. 아마 서로 그랬을지도 모른다. 그래서 가슴 깊은 곳에 피멍 들며 차곡차곡 상처를 쌓았는지도 모르겠다.

"그냥 욕을 하지 그랬어요. 솔직히 그렇게 하면 나쁜 거 아니에요?"

내가 묻자 그들은 그냥, 웃었다.

어쨌든 사측의 공격이 하도 거세자 나중에는 이쪽에서도 파이프를 휘두르며 싸웠다. 그러나 다음 날인 27일 새벽까지 계속된 전투(?)에서 많은 희생자가 나왔다. 한 조합원은 용역 깡패가 휘두른 쇠파이프에 맞아 피를 흘렸고, 또 한 조합원은 용역이 던진 소화기에 맞아 이가 13개나 부러졌다. 그들은 비상 대기하던 조합차에 부상자들을 싣고 병원으로 후송해줄 것을 당부하며 내보냈다. 이들의 부상 정도가 너무 심해 눈으로 확인해도 당연히 보내줄 것이라고 믿었던 그들이었다. 그런데 그들의 차가 정문에 도달할 무렵 용역과 구사대가 이들을 까맣게 막으며 몰려들었다. 설마 하며 바라보던 조합원들의 등으로 소름이 지나갔다. 그들은 운전기사와 병원 이송을 책임지던 조합 간부를 집단으로 폭행했다.

이날을 잊지 못한다고 조합원들은 말했다. "그들은 인간이 아니라 환장한 놈들이라는 것을 알게 된 사건이었다."라고도 했다.

파업, 그리고 32시간의 첫 충돌

운전사는 일주일간 입원해야 했으며, 조합 간부는 거기서 바로 경찰서로 끌려갔다. 용역들은? 글쎄, 그들은 아마도 집에 가거나 근처 술집으로 갔을까? 일당이 두둑했을 테니까.

이런 일을 벌여놓고 그 다음 날 갑자기 구사대가 철수한다. 그들은 "쌍용차 전 임직원은 더는 우리 힘만으로 일터를 지켜낼 수 없다는 판단에 따라 공장을 떠나고자 한다."라면서 성명을 발표한다. 그러면서 "대체 경찰은 이런 불법을 눈감으며 존재 이유가 무엇인가?"라는 훈계까지 늘어놓았다.

내가 소설을 썼다면 아마도 '전날 병원으로 이송되는 사람들을 차에서 끌어내려 집단으로 폭행하는 동안 경찰 관계자와 사측 관리자가 만나 대책을 의논했다.' 라고 했을지도 모르겠다. 《도가니》의 장경사 식으로 이야기하면 "아니, 아직까지 노무현 때 경찰 이미지 쇄신한다 뭐다 해서 게으른 게 이골이 난 데다가, 요즘 노무현 자살하고 나서 나름 그 사람 흠모하던 말단들이 아무리 말해도 잘 안 움직인다고. 그러니 당신들이 요청해야지. 강력하게 요청해야지. '우리 죽는다, 회사 포기하고 강도들이 다 가져가게 내버려둔다, 경찰, 니네 뭐하는 인간들이냐?' 뭐 이 정도는 해야 경찰이 개입할 명분이 있지 말이야. 솔직히 아직 이쪽에서는 저쪽과 달리 부상자도 딱히 없으니 개입할 명분이 경찰로서는 없다고, 이 사람아." 하지 않았을까. 소설을 쓰는 나의 상상이니 현실적인 분은 그냥 건너뛰시기 바란다. 그리고 나는 이런 소설은 이제 쓰기도 싫다. 현실이 다 그러니 소설이 무슨 재미가 있겠는가.

아무튼 28일 오후 사측이 철수하자 조합원들은 회사를 청소한다. 앞으로도 나올 것이지만, 이 사람들은 늘 청소한다. 나는 이걸 보면서 '이것이 노동자구나!' 했다. 청소는 장장 세 시간 동안 계속되었다. 본관은 많이 파괴되어 있었고 아무 데나 오물이 질펀했다. 그들은 생각했다고 한다.

'이런 놈들이 회사를 사랑해서 구하겠다고 구사대야?'

그렇게 32시간 동안 충돌이 있었다. 90여 명이 부상당했고 23명이 연행, 그리고 2명이 구속되었다.

더 큰 상처도 있었다. 그 전까지만 해도 '함께 못해서 미안해요.', '힘내세요.' 등의 문자 메시지나 격려의 종이비행기를 날리던 '산 자'들 사이에서 "그래도 우리는 그냥 갔는데 어떻게 우리에게도 쇠파이프를……." 하며 적개심이 생겨나기 시작했다. 공장 안에서도 그랬다. "우리의 생명줄인 공장에 우리가 있는데 어떻게 우리보고 나오라고, ××들!" 하는 욕설이 나오기 시작했다. 당연한 일이었다.

파업, 그리고 32시간의 첫 충돌

인간의 인간에 대한 환멸

유신 치하의 나는 상상을 초월하는 폭력이 난무하던 여고에 다녔다. 여고 시절이라는 예쁜 단어를 기억하면 꽃송이 대신 마음 한 구석에 독버섯이 돋아나는 것 같다. 그중 하나가 잘못한 아이 둘을 세워놓고 서로 따귀 때리기를 하던 장면이다. 처음에는 키득거리며 아이들은 서로를 장난스레 건드린다. 사디즘을 즐기기 위해 선생이 된 것 같은 선생이 살살 때리는 아이의 뺨을 냅다 갈기며 이렇게 갈기지 않으면 또 맞을 거라고 엄포를 놓는다. 아이는 놀라 자신의 뺨을 어루만지다가 자기가 더 맞지 않기 위해 상대방의 뺨을 있는 힘껏 때린다. 상대방 아이는 놀란다. 설마 이 아이가 내 뺨을 진짜로 세게 때릴 줄 몰랐기 때문이다. 그러자 상대편 아이도 있는 힘껏 맞은편 아이의 뺨을 때린다. 그리고 두 소녀의 얼굴이 겨울철 사과보다 더 벌게질 때까지 번갈아 서로를 때린다. 그리고 수업을 마치는 종이 울리면 그들은 자리로 돌아가지만, 다시는 예전 같은 친구로 남지 못한다. 당연히 선생이 나쁜 거고, 그들도 그걸 알지만, 그냥 선생한테 매를 맞았다면 둘이 서로 위로하며 다시 친하게 지냈겠지만, 다시는 예전으로 돌아갈 수 없다. 아픔은 우정보다 구체적이기 때문이다. 어린 시절에만 그러는 건 아닌 거 같다. 나는 이들이 그런 메커니즘 속으로 들어간 것 같았다. 머리로는 아무리 아니라고 해도 말이다.

그때부터였다. 회사는 "쟤들이 죽어줘야 우리가 산다."라는 말을 노골적으로 하기 시작했다. "쟤들이 살면 우리는 함께 죽는다."라는 말도 했다. 살아남은 인간이 가진 여러 속성 중 하나인 죄책감이 서서히 '죽은 자'들에 대한 분노로 타오르기 시작했다. 그리고 안에서나 밖에서나 모든 노동자는 공통된 한 가지를 경험하는데, 그것은 '인간에 대한 환멸'이었다.

"그날 밤 누군가가 큰 소리로 외치는 게 들렸어요. '이런 회사 더 다니라고 해도 싫다, 싫어! 환멸이야!' 다들 아무 말도 못했어요. 침묵이 완전히 내려앉았죠. 정말 그런 생각이 들었기 때문이었죠. 그런 심정이었어요. 이렇게까지 해야 하나, 정말 이렇게까지 해야 하나."

그날 밤 가장 많은 이탈자가 생긴다.

그동안 상하이차의 '먹튀' 논란으로 여론은 어느 정도 노조 편이었다. 그러나 사측이 자신들이 휘두른 폭력은 생략하고 구사대원들이 맞는 장면만 드러난 사진과 필름을 돌리며 노조원들의 폭력성을 부각시키자 보수 언론들이 이에 호응하며 노조를 공격하기 시작했다. 그것도 그것이지만, 노무현 전 대통령의 자살로 국민의 원성이 조금씩 높아지고 있었던 때이니만큼, 추도식이 얼추 끝나자 보수 언론과 경찰 쪽에서는 쌍용자동차 노조를 희생양으로 삼아 국면을 전환하려는 의도도 있었다는 게 일반적 분석이다.

내가 쌍용자동차에 대한 글을 쓰고 자료를 검색해나가던 어느 날, 비가 내렸다. 많이 내렸다. 그들을 알아버린 탓에 밤새 비가 들이치지 않았는지, 잠은 잘 수 있었는지, 빗소리에 나도 뒤척였다. 축축한 거리에서 밤새 또 잠 못 자고 울고 있나 싶자 울음소리라도 들은 것처럼 마음이 아파왔다.

김진숙 씨가 85호 크레인 위에서 농성 중일 때 그녀가 걱정되어 잠을 이루지 못하던 신부님이 계셨다. 갓 서품을 받은 젊은 신부님이 그러는 게 안쓰러워 나는 온갖 고상한 말로 충고를 해댔다.

"그게 신부님이 걱정하신다고 될 일이 아니지요. 신부님이 하실 일은 그저 잘 자고 신부님 일에 전념하는 거지요……. 하느님께 다 맡기고 그저 자기 자리에서 기도하세요."

그때 고개를 끄덕였던 서영섭 신부는 얼마나 착한 분이시던가.

나는 새삼 부끄러웠다. 그래서 아침이 오자마자 택시를 타고 대한문 앞으로 갔다. 달려가 보니 옹색한 비닐 천막 속에 몇 분이 앉아 계셨다. 보온병에 담아서 간 따뜻한 차를 건넸더니 들어오라고 하셨다. 튀어 오르는 빗물 때문에 이미 바지 밑단이 다 젖어 있었다. 나는 처음으로 신발을 벗고 들어가 앉았다. 빗소리가 우두둑 울리고 있었다. 휴일이라 인적도 드물었다. 뜻밖에도 안온하고 편안했다.

나는 그들의 얼굴을 찬찬히 들여다보았다. 새삼 그들이 늘 청소를 하고, 그들이 늘 염치를 차리며, 내가 늘 밥값 내는 걸 힘들어 하던 게 생각났다. 그런 사람들이니 쇠파이프로 옛 동료들을 먼저 공격할 수 없었다는 것도 처음 이해됐다. 노동자라는 게, 건강한 노동자들이라는 게 이런 거구나 싶었다. 그리고 내가 그들을 사랑하게 되었다는 것을 깨달았다. 이제 나는 이 거리의 움막 같은 분향소가 낯설지 않았다. 대학 때도 하지 않던 그 거리 농성을 쉰이 다 되어서 하게 된 것이다. 그러나 부끄럽지도 겸연쩍지도 않았다. 그들이 내가 끓여 간 차를 따라서 내게 먼저 내밀었다. 괜찮다고 해도, 춥다고 먼저 마시라고 했다. 고마웠다. 그리고 차를 마시며 우리는 웃었다. 아마 내가 그들과 처음 하나가 된 순간이었을 거라고 기억한다.

인간의 인간에 대한 환멸

수면가스, 헬기, 그리고 철저한 고립

다시 평택, 2009년이다.

드디어 경찰이 온다. 한 여성이 살려달라고 7분 동안 비명을 질러도 태연하던 경찰이 쌍용자동차 사측이 "경찰의 존재 이유가 무엇인가?"라고 묻자마자 "걱정 마라. 우리 여기 있다."라고 화답이라도 하듯이 온다. 그리고 그들이 처음 한 일은 평택 공장을 전면 봉쇄하는 일이었다. 그동안은 가족들이 건네주는 음식물이나 속옷 등이 들어갈 수 있었지만 이젠 그것도 안 되었고, 인도주의실천의사협의회(이하 인의협)가 진료차 들어가려 했지만 그것도 막아버렸다.

구사대나 용역과의 싸움은 그런 대로 넘어갔지만, 경찰이 까맣게 둘러싸 공장을 봉쇄하자 안에서도 두려움은 커져갔다. 이들은 평생 싸움 한번 해본 적 없는 평범한 노동자였다. 그것도 먹고살 만한 약간 보수적인 중류층이었다. 경찰은 소시민들이 가장 두려워하는 대상. 열심히 일만 하며 살아온 자신들이 경찰이 포위한 공장 안에서 범죄자 취급을 받을 줄 꿈도 꾸지 못했으리라. 그러나 가장 큰 두려움은 고립감이었다. 그것은 파업 현장뿐 아니라 인간에게 가장 큰 두려움이겠지만, 가끔 이렇듯 상처 입은 이들에게 독처럼 스미기도 한다.

7월 17일 〈MBC 뉴스데스크〉를 통해 엄청난 소식이 전해진다. '쌍용차 사측 가스 살포 진압계획'이 보도된 것이다. 인터뷰에 응한 일선 경찰들조차도 "무슨 이라크 전쟁 합니까?" 하며 어이없어 했다. 19일 민주노총은 기자회견을 열고 금속노조 쌍용자동차지부가 입수한 사측의 노조 탄압 계획이 담겨 있는 이메일을 공개했다. '강경책, 진압책, 회유책, 홍보' 등의 내용으로 구성된 사측 이메일은 7월 11일 회사 간부들을 중심으로 일괄적으로 발송된 것으로 알려졌다.

'수면가스 진압 계획'이라고 보도된 내용은 이렇다.

1. 수면가스 살포 후 파업자들 수면 상태에서 진입. 집행부 와해 전략 수립.
2. 경찰 헬기 1시간 간격으로 순회비행, 심리적 압박감 배가시

킴(야간에도 실시하여 수면을 방해한다.).
3. 공권력 투입 예상 일자를 파업 이탈자 또는 파업자와 통신이 되는 자를 통하여 진압 시나리오를 만들어서 심리적으로 압박. 수면가스 진압을 계획.

사측의 시나리오라고 했지만, 일개 기업이 단독으로 경찰 헬기를 띄우고 체포까지 하는 계획을 세운다는 것은 이해가 되지 않는다. 당시 경기도 경찰청장은 조현오였다. 이메일을 보면, 사측은 농성을 하고 있는 노조원에게 수면가스를 살포하려 했다. 이는 전례를 찾아볼 수 없는 것으로, 민간인은 수면가스를 사용할 수 없을뿐더러 경찰도 진압 작전에서 수면가스를 사용한 사례는 없다. 사측은 '수면가스(가용한지 확실하지 않으나)를 이용한 야음을 틈타, 수면가스 살포 후 파업자 수면 상태에서 진압'을 언급하고 있다. 이들은 자기들이 노동자들과 진짜 전쟁을 벌이고 있다고 여겼나 보다.

수면가스 살포 외에도 구체적으로 농성 해산을 위한 노조원의 농성장 이탈 전략들이 이메일에는 담겨 있었다. 이메일에는 '공권력 투입 예상 일자(정확하지 않아도 됨)를 파업 이탈자 또는 파업자와 통신이 되는 사람들을 통해 진압 시나리오를 만들어서 심리적으로 압박'한다며, 이를 통한 노조원들의 대오 이탈을 꾀하는 수법이 적혀 있었고, 공장 위로 헬기를 수시로 띄워 심리적 압박감을 배가시키는 방안도 담겨 있었다. '경찰 헬기 1시간 간격으로 순회 비행으로 심리적 압박감 배가시킴(야간에도 실시, 수면 방해)' 등의 내용이 명시돼 있었다. 실제 쌍용자동차 평택 공장 상공에는 경찰 헬기가 주기적으로 저공비행을 하고 있어 이메일 내용에 신빙성을 더하고 있다.

이뿐만이 아니다. 심리적 회유책도 구상했다. 사측은 이메일을 통해 '부모님을 동원할 것, 처, 자식보다 더 효과적일 수 있음'이라며 '부모 건강 위독(파업자 선별적 대응) 통고 후, 외부 탈출 후 체포, 외부에서 회유' 한다고 이를 위한 구체적인 방법까지 제시했다. 어쩌면 사측은 파업에 참가한 이들의 성향을 정확히 파악하고 있었는지도 모른다.

더 재미있는 것은 우익단체 명단이 명시돼 있었다는 점이다. 실제로 사측이 주최한 집회에서는 보수단체 인사가 연사로 나서기도 했다. 왜 있지 않은가, 어버이연합. 참, 이들의 정리해고가 공식 발표된 것이 5월 8일 어버이날이었다.

쌍용자동차 노조는 이 어려움 속에서도 동지들끼리 우애를 다지며 잘 버티고 있었다. 아마 지도부의 역량 때문이었을 것이다.

"보통 대기업 노조지부장 하면 권위적이거든요. 그런데 한 지부장은 전술 훈련이 있으면 시커먼 사람이 헬멧 쓰고 조합원들하고 똑같이 뛰어다니고, 비상 사이렌이 울리면 자기가 먼저 헬멧

수면가스, 헬기, 그리고 철저한 고립

쓰고 뛰어다니는데 어느 조합원이 따르지 않겠어요. 참, 그런 사람 처음 봤어요."

"지부장 말이 곧 법이죠. 잘 따랐죠. 진짜로 잘 따랐어요. 우리가 들어오게 된 게 믿어서잖아요."

"노동운동의 위기가 지부장에 대한 불신 때문에 야기된 게 참 많은 게 사실인데, 한상균이라는 사람에 대한 조합원들의 전폭적인 지지, 신뢰가 있었기에 그게 가능했죠. 정말 대단했거든요, 한상균 지부장에 대한 조합원들의 신뢰는."

훗날 가대위 사람들과 밥을 먹는 자리에서 감옥에 있는 한상균 지부장 대신 그의 부인을 만났다. "지부장 사모님이라서 다른 분들보다 더 힘드셨죠?" 하고 묻자 사모님은 그때부터 울기 시작해서 헤어질 때까지 손수건을 눈에서 떼지 못했다. 결국 한마디도 듣지 못했다. 아직도 마음이 아프다.

그렇게 크고 작은 충돌 속에 열흘이 지난다. 경찰과 사측은 아직도 흔들리지 않고 있는 조합원들을 압박하기 위해 단수와 단전을 요청한다. 의료진의 출입도 막았다. 인의협 의사들은 200여 명의 진료 요청을 받고 왔으나 급한 봉합수술 등만 할 수 있었다. 이후 꿰맨 상처에 항생제가 투여되지 않아 상처 부위가 곪고, 중이염 환자는 물론 녹내장에 걸려 시신경이 지속적으로 손상되는 환자들도 약을 공급받지 못했다. 금속노조, 인권단체 등은 성명을 발표하고 이는 전쟁포로에게도 하지 않는 비인권적 처사라고 비판했다.

그러자 쌍용자동차 사측으로부터 이러한 답변이 돌아왔다.

"일부에서는 공장을 불법 점거하고 있는 노동자들에게 식량 등을 제공해야 한다고 하는데, 범법자들에게 인도주의를 이야기하는 것은 옳지 않다."

최상진 기획재무 본부장이었다. 이분은 아마 교도소 수감자에게도 밥을 주지 말라고 항의할 것 같다. 조현오 경기도 경찰청장은 기자회견을 통해 "공권력을 전진배치"하겠다고 밝혔다. 동시에 경찰이 공장을 공격했다. 그리고 수도와 전기가 끊겼다. 7월 20일 한반도 특유의 끈끈한 고온의 습도가 진드기처럼 온몸에 달라붙는 여름이었다.

그런데 이날 12시경 지부 정책부장의 아내가 자살했다는 소식이 전해졌다. 그녀는 남편이 정리해고를 당한 것과 파업이 길어지는 것에 대해 몹시 괴로워했다고 했다. 2월에는 친정아버지가, 4월에는 시아버지가 돌아가시는 아픔도 겪었다. 그 와중에 해고를 당한 남편이 파업 현장으로 들어가고 관리자들이 찾아와 "손해배상 청구소송 걸리면 집도 다 빼앗긴다."는 등의 협박을 했다. 순진했던 부인은 남편과 연락이 잘 안 되자 두려움에 빠졌다. 집도 재산도, 아이들과 이루었던 자신의 모든 것에 빨간딱지가 붙는 환영에 혼자 시달린 모양이었다. 죽기 전 그녀는 남편에게 전화를 걸

수면가스, 헬기, 그리고 철저한 고립

었다. "보고 싶으니 잠깐만 왔다가라."고. 경찰의 봉쇄로 나갈 수는 있으나 다시 들어올 수 없기에 남편은 부드러이 아내를 달래고 전화를 끊었다. 그리고 몇 시간 후 서른 살의 젊디젊은 아내는 두 아이를 남겨두고 그렇게 떠났다.

"그날 우리 모두 한없이 울었어요. 해도해도 너무한다고, 어떻게 가족한테까지 가서 협박을 할 수 있느냐, 인간이 이렇게까지 해야 하느냐."

"처음으로 죽이고 싶은 마음이 들었어요. 내가 죽을 수도 있는데, 죽기 전에 몇몇은 죽여야 되는 거 아닌가 하는 생각이 들더라고요. 사람을 저렇게 죽게 해놓고 뻔뻔하게 잘사는 인간들 말이죠."

조합원들은 그날 많이 울었다. 아내를 잃은 당사자도 당사자였지만, 그가 공장을 나가 동료들이 주는 꽃 한 송이 없이, 술 한 잔 없이 쓸쓸히 장례를 치를 것이 몹시 가슴 아파서였다.

며칠 후 장례식을 마치고 그 부부가 함께 살던 아파트로 동행한 금속노조 간부는 혼자 도저히 그 집에서 잠들 수 없어 하는 그를 위해 거실에서 함께 술을 마시다 보니 그가 없어졌다고 했다. 이상한 생각에 안방으로 들어가 보니 그가 아내 사진을 껴안고 태아처럼 꼬부린 채로 통곡하고 있었다고 회상했다.

사측은 차량을 통해 그날도 선무방송을 했다.
"금속노조의 정치 파업은 불법이다. 외부세력의 농간에 속지 마라. 조합원들은 하루속히 그리운 집으로 돌아가라. 노조의 주장은 허황될 뿐이다. 지도부는 금속노조에서 생활비를 지원받는다."

전형적인 이간질이었다. 조합원들이 이쪽에서 스피커를 통해 말했다.

"그래, 좋다. 그러나 오늘 하루만은, 제발 오늘 하루만은 애도하자. 아무 죄도 없는 부인이 어린아이 둘을 남기고 죽었다. 너희는 피도 눈물도 없냐!"

글쎄, 왜 그런지는 모르겠지만 회사는 그날따라 흥겨운 노래를 밤새 틀어댔다. 조합원들은 미칠 것 같았던 그날 밤의 음악을 기억한다. 그것은 '오 필승 코리아!' 였다.

7월 22일 인권단체들과 민주사회를 위한 변호사 모임은 성명을 발표하고 "지금 평택은 화학약품, 살상무기, 인간사냥만이 있고, 식량, 식수, 의사도 소방관도 없는 무법천지다. 살인을 멈춰라. 파업 노동자도 인간이다."라고 경고했다.

성명서에서는 또 "인권을 보호해야 하는 국가가 아무리 사측과 용역이 막고 설지라도 의료진과 음식, 그리고 의료품이 들어가도록 강제해야 할 의무가 있다. 그러나 경기도 경찰청은 이를 방기하고 있다."면서 "국가가 해야 할 일은 경찰력 투입이 아니라 생명권의 보호이다."라고 했다. 더구나 "사적 용역의 폭력을 방기함은 공무원의 중립 의무에도 벗어난다."라고 지적했다.

민주노총은 "제네바조약은 적군과 점령지 주민에게도 음식과

수면가스, 헬기, 그리고 철저한 고립

의약품은 제공해야 한다고 규정하고 있다."라고 항의하며 "제발 물만이라도 들여보내 달라!"고 호소했다.

그러나 사측은 이렇게 대답했다.

"물 먹고 싶으면 나와서 먹어라."

인간사냥

인간사냥……. 그랬다. 토끼몰이도 아니고, 단순 진압도 아니고, 인간사냥이었다. 차마 그들에게 그 단어를 써서 그 말을 물어보지는 못했지만, 그리고 그들도 그때나 지금이나 그렇게 기억하고 싶지 않겠지만.

 노동자들도 쇠파이프를 들고 새총으로 볼트를 쏘고 있었으나 헬멧도 부족했고 얇은 여름옷은 아무런 방패가 되지 못했다. 반면 용역들은 헬멧과 방패, 그리고 구조물 등으로 무장하고 숙련된 솜씨로 남자 손가락 두 마디만 한 볼트를 새총에 장전해 쏘았다. 그것은 은폐된 공간에서 시도 때도 없이 날아와 공포심을 가중했다고 그들은 회상했다. 그리고 그날 조합원들은 처음 테이저건에 부상을 입는다.

테이저건이란 일종의 전기충격기이다. 화살촉처럼 생긴 테이저탄이 몸에 박히면서 순간적으로 5만 볼트의 전류가 흘러 사람을 마비시킨다. 이것은 경찰장비 관리규칙 제3절 대테러장비에 포함된 무기이다. 더구나 안면을 향한 발사는 금지되어 있다. 이날 한 조합원은 뺨에, 두 조합원은 넓적다리에 테이저건을 맞았다. 보기만 해도 끔찍한 이 테이저건은 낚싯바늘처럼 생겨 잘 빼낼 수 없다. 국제사면위원회는 "지난 2001년부터 2008년 8월까지 미국에서만 무려 334명이 테이저건을 맞고 사망했다."면서 경찰에게 테이저건 사용을 즉각 중지하라고 요구했다.

수면가스까지 사용되었다면 버라이어티 마루타 실험이 되었을 이 쌍용자동차 진압에는 고무총도 사용되었다. 고무총은 쇠로 만든 총알 대신 고무로 만든 총알을 사용했는데, "다리에 맞으면 순간 다리가 팍 꺾이면서 몇 초 동안 전혀 힘을 쓸 수 없다."고 했다. 한 사람은 고무총에 맞아 팔이 골절되었다.

"제가 두께 1센티미터 정도의 나무방패를 들고 있었는데, 고무총탄이 그 방패를 뚫고 오른쪽 가슴을 맞혔어요. 맞은 후 정신이 혼미해지면서 쓰러졌어요."

헬기도 있다. 헬기는 밤낮을 가리지 않고 떠 있었고, 때로는 낮게, 때로는 옆으로 비행하며 그들이 원하는 소위 심리적 압박감과 소음을 선사하고, 그들이 원하는 대로 수면을 방해했다. 많게는 4대까지 떠 있었는데 처음에는 비닐봉지에 넣은 최루액을 떨어뜨렸다. 최루액은 플라스틱 병과 스티로폼을 그 자리에서 녹일 정도로 위력적이었고, 시멘트 바닥도 변하게 할 정도의 독성이 있었다. 경찰은 도장공장 지붕에 뿌린 최루액에 스티로폼이 녹아내렸다는 〈민중의 소리〉의 7월 22일자 보도에 반박하려고 이튿날 기자회견을 자청해 실험을 했다. 스티로폼에 처음 뿌렸을 때는 이상이 없었지만 같은 위치에 재차 뿌리자 스티로폼이 녹아버려 당황해 했다. 그러나 원액에 들어 있는 디클로로메탄이라는 석유계 화학성분이 스티로폼에 반응한 것이며 인체에는 해가 없다고 옹색한 변명을 늘어놓았다.

디클로로메탄은 발암물질로서 산업계에서조차 리무버로 쓰이다가 이제는 거의 쓰이지 않는 것으로 알려져 있다. 경기도 경찰청이 인체에 유해하지 않다고 발표한 이 물질은 산업안전보건법에 '관리대상 유해물질'이라고 명시되어 있으며, 국립환경과학원 화학물질안전관리센터에 유해물질로 등록되어 있다. 또한 인체 노출 시에는 중추신경계 기능저하, 호흡기 손상 같은 부작용이 있다고 표시되어 있다.

경기도 경찰청은 이 최루액을 헬기를 동원하여 살포했다. 진압 초기에 투하된 최루액 비닐봉지를 맞았다면 목이 부러졌을 거라고 노동자들은 증언했다. 그 비닐봉지가 떨어지는 속력이 가히 살인적이었기 때문이다. 그것이 땅에 떨어져 터지는 소리, 헬기 소리, 밤새 계속되던 선무방송과 노래……. 노동자들은 낮이면 헬기를 피해 도망쳐야 했고, 밤새 쌓인 최루액이 한여름 땡볕을 받아 뿌옇게 올라왔다. 그 여름 그들이 파업하는 동안 야속하게도 한 방울의 비도 내리지 않았다.

단전과 단수로 고통을 받던 노동자들은 씻지도 못한 상태에서 그 최루액을 피해야 했는데 나중에는 아예 헬기가 산불을 끄듯이 최루액을 분사했다. 엄폐된 구조물 속에서는 용역들이 조준한 볼트가 날아왔다. 비처럼. 조합원들은 그 볼트를 피해 이리저리 도망가야 했다.

"한번은 지붕에서 보니까 저쪽에 경찰과 용역, 그리고 회사 관리자 들이 한 조가 되어 대형 새총을 쏘고 있었죠. 경찰은 방패로 막고, 회사 관리자는 저기 쏴라 하고, 용역은 쏘고 있더라고요. 그것도 철 컵 안에다가 17~19밀리 볼트 3~4발을 한꺼번에 넣고요. 그런데 어느 순간 갑자기 그 사람들이 흩어져 숨더라고요. 왜 그러나 봤더니 잠시 후 방송 헬기가 날아왔어요. 어차피 헬기가 한 번 뜨려면 경찰에 신고해야 하는데, 경찰이 용역들에게 방송 헬기가 뜬다는 걸 알려준 거죠. 그러다가 헬기가 가고 나니까 다시 총을 쏘더군요."

헬기가 일으키는 바람은 가히 위협적이었다. 그리고 그 소음은 먹지도 자지도 마시지도 못하는 조합원들을 무력화하기에 충분했다. 그리고 이제 최루액의 비가 쏟아진다. 당시 현장 밖의 이야기를 들어보자.

최루액이 섞인 물대포에 시위대는 맥을 쓸 수가 없었다. 경찰의 살수차에서 발사된 최루액 성분은 직접 피부에 닿지 않았던 주변의 취재진과 시민들에게도 굉장한 고통을 안겨줄 정도였다. 쓰리고 따끔거리는 최루액 성분은 연신 눈물을 흘리게 만들었고 눈은 벌겋게 충혈되었다.

25일, 평택 쌍용자동차노조를 지원하기 위해 금속노조를 비롯한 연대단체 8,000여 명은 평택역 앞에서 집회를 마치고 오후 6시 10분경 쌍용자동차 정문에 이르렀다. 이미 경찰병력이 배치된 정문 앞에서 시위대와 경찰은 일정 거리를 두고 대치했다.

시위대 머리 위로는 경찰 헬기가 저공비행을 하며 연신 비닐봉지에 담긴 최루액을 떨어뜨렸고, 떨어진 최루액은 프로펠러 바람을 이용해 분산되도록 하는 치밀함도 보였다. 저공비행하는 헬기의 프로펠러에서 발생하는 바람은 시위대가 들고 있던 깃대를 부러뜨릴 정도로 거셌다.

—〈오마이뉴스〉, 2009년 7월 26일자

경찰이 발암물질이 포함된 최루액을 올해에만 2,000리터 이상 사용한 것으로 드러났다. 특히 이 최루액은 제조일자가 10년이 지난 것으로 경찰이 시위진압에 안전성이 입증되지 않은 최루액을 남용했다는 지적이 나오고 있다.

14일 국회 행정안전위원회 소속 민주당 최규식 의원이 경찰청으로부터 제출받은 '최근 3년간 최루액 사용현황'에 따르면 경찰은 올해 14회에 걸쳐 총 2136.9리터의 최루액을 사용했다. 특히 이 중 95%가 넘는 2041.9리터를 총 12회에 걸쳐 쌍용자동차 평택공장 시위현장에 살포한 것으로 드러났다.

이 자료에 의하면 지난해까지 경찰의 최루액 보유량은 총 5,940리터로, 1999년에서 2008년까지 경찰의 최루액 신규 구매 기록은 없다. 경찰청은 이에 대해 "최루액은 보존기한에 대한 특별한 지침이 없고, 밀봉 보관되었기 때문에 시위진압에 그대로 사용했다."라고 밝혔다.

10년 동안이나 창고에서 보관하던 최루액의 36%를 쌍용자동차 시위현장에 쏟아부은 셈이다.

—〈오마이뉴스〉, 2009년 9월 15일자

그러나 그때를 기억하는 조합원들은 물이 없는 고통에 비하면 최루액은 기억도 잘 나지 않는다고 했다. 찜통 같은 공장 안 최루액 냄새보다 화장실에 쌓인 암모니아 가스가 조합원들을 더 고통스럽게 했다. 낮이고 밤이고 뜨는 헬기 때문에 용변을 볼 수도 없었다. 그들은 에어컨 냉각수로 하루 한 끼의 밥을 해먹고 수증기를 다시 모아 먹었다. 밤에도 헬기 소리와 방송 소리 때문에 잠을 잘 수 없었다. 비라도 내려주길 원했지만 날마다 끔찍하게 뜨거운 태양이 떴다. 가끔은 쏟아지는 최루액을 바라보면서 저기다 한번 샤워라도 해보면 소원이 없겠다는 환각이 일기도 했다. 그 최루액은 몸에 닿는 순간 피부를 벗겨버렸다. 한마디로 지옥이었다.

그런 상황에서도 조합원들은 인간에 대해 다시 깨달아가고 있었다.

다음의 진술은 그들의 육성이다. 부디 이 글들을 천천히 읽어주길 부탁 드린다. 그들은 무뚝뚝하고 표현에 인색한 중년의 남성 노동자들이다. 한 마디마다 피 냄새가 배어 있음을 알기 위해 부디 천천히.

"저는 단전과 단수, 이런 것으로 거의 심신이 쇠약해져서 의무실로 갔어요. 저의 곁에 동료가 누워 있었는데 진짜 골절이 된 거예요. 깁스를 해야 하는데 붕대로만 찍찍……. 그게 전부였습니다. 눈물이 핑 나오더라고요. 그래 제가 수건에 물을 적셔가지고 온몸을 닦아주었습니다. 그게 전부였습니다."

"정말 먹을 물이 없어서 입에서 흙내가 나더라고요. 어떤 동료는 최루액이 머리에 쏟아져 온몸에 물집이 생겼는데 씻을 수도 없고 온몸이 가려워서……. 그런데 약도 없고……. 코가 찢어진 동료, 귀가 찢어진 동료……. 제가 너무 미안했어요. 아, 77일간 우리는 인간이 아니었습니다. 인권이 유린된 전쟁터…….”

"나이 많으신 형님들은 동생들을 위해 한 끼라도 챙겨주시려고 하고, 아니면 자기가 마시고 싶은 물을 한 모금 남겨두었다 주셨습니다. 그분들도 그게 참 드시고 싶었을 텐데 옷 속에다가 감춰두었던 초코바를 하나 꺼내주셨어요. 그걸 옷 속에다 얼마나 넣고 계셨는지 포장을 벗기니까 그냥 녹아내리더라고요. 그걸 저를 주시려고 밤낮으로 넣고 계셨던 겁니다. 그걸 먹는데……. 밖에 나가 사 먹으면 400원, 500원? 그거를 쪼그리고 앉아서 잘 벗겨지지도 않는 걸 벗겨먹고 있는데, 참 눈물이 나고, 고맙고, 집에 있는 애들이 생각나고 그랬습니다."

"우리 어린 사람들은 형님들 앞에 서서 한 번이라도 더 짐 나르고, 한 번이라도 더 형님들 지켜드리려고 보초도 더 많이 서고 그랬습니다……. 계속해서 불법 파업입네 아닙네 하지만 저희는 회사 물건을 지키기 위해 최선을 다했습니다. 회사 측에서 전기 끊었을 때 불 한 점 없는 암흑이었지만 도장 페인트 굳을까 봐 그쪽 전기는 작동시켰습니다. 저희 침소로 가는 길까지 너무 어두워서 몇 번이나 넘어지고 넘어지고 했지만, 거기에 불만 있는 사람은 하나도 없었습니다. 우리 회사를 지키기 위해, 도장 페인트 굳지 않게 하기 위해, 저희 회사 지키려고 뛰었습니다. 저희보고 폭도, 파괴자라고 하시는 분들, 생각해보십시오."

그렇다, 단전이 된 공장 안에는 비상발전기가 있었다. 그래도 전력은 미약했다. 자동차 공장은 미로처럼 얽혀 있는 구조였고, 공장 안의 온도는 40도를 웃돌았다. 조합원들은 그 비상발전기를 도장공장의 도료가 굳지 않게 하는 데 연결했다. 단전 조치로 인해 도료가 굳어버리면 모든 배관통과 설비를 다시 설치해야 하고, 공장 재가동 시기가 적어도 한 달 이상 늦춰지게 된다. 회사의 계산대로 하더라도 한 달간 피해 손실액은 1,300억 원이고, 보수설비 및 기타 재가동 비용이 100억 원 정도 든다. 그런데 회사는 단전을 감행한다. 9월 15일 회사의 회생계획안을 위해 파업을 풀라고 종용하던 그들이었지만, 이런 조치를 보면 그들이 회사를 살릴 의지가 있었는지 의심스럽다.

그러나 조합원들은 일하기 위해 싸우는 것이지 파괴하기 위해 싸우는 것이 아님을 분명히 알고 있었다. 청소도 했다. 도료가 인화물질이었기 때문에 촛불도 켤 수 없는 그 찜통 같은 공장 안에서 그들은 회사를, 기계를 사랑하는 마음을 보여주었다. 굶고, 잠 못 자고, 물조차 마시지 못하고, 살인적 공격에 처해 있던 그들이 회사에 대해 가지는 태도였다. 그들은 바보 노동자였다. 10년, 20년을 묵묵히 일해온 자신들을 헌신짝처럼 내버리는 회사를 위해 그런 짓을 하다니.

　전태일이 "우리는 기계가 아니다!"라며 죽었던 시절이 차라리 행복했다고 해야 하나. 적어도 그때는 한 사람이 그렇게 외치며 죽자 온 나라가 충격에 휩싸였다. 그러니 이제 이 노동자들은 말해야 하나? "우리를 제발, 사람을 제발 기계만큼만 대우해달라!" "우리가 그래도 기계보다는 좀 귀하지 않은가?" 이렇게?

무법천지, 그리고 학살

그날이 오기 전 〈노동과 세계〉 사진기자 이명익은 마지막으로 전화를 받는다. 8월 2일쯤이었다. 노조와 사측의 교섭이 결렬되었다. 안팎으로 긴장이 높아지고 있었다. 그것을 증명하듯이 그날 경찰은 빨간색, 파란색의 색소까지 들어간 최루액을 장맛비처럼 뿌려대고 있었다. 뜨거운 태양은 그것을 증발시켰고 눈을 뜰 수 없을 만큼 앞이 뿌옇게 변했다.

"민주노총에서 전화가 왔더라고요. 곧 무서운 사태가 벌어질 것 같다, 우리도 더는 막을 수 없다, 안전을 책임질 수 없으니 나와라……."

그는 잠시 침묵을 지켰다.

"정말 고민했어요. 두려웠죠. 안의 상황도 지옥이었고, 실제로 내부에서 취재하던 기자들이 나가기 시작했어요. 많이 고민하다가 남겠다고 했습니다. 그런데 그날 저녁 사진을 찍으려고 지붕에 올라가니 건너편에 '민주노총도 이제 너희를 버렸다.' 이런 플래카드가 걸려 있더군요……. 참, 기분이 이상했습니다."

모든 단체가 투신, 폭파, 화재의 위험성을 경고했지만 경찰과 사측은 막무가내였다. 밖에서는 한때 도장공장에서 근무했던 노동자들이 강제 진압의 위험성을 알리는 기자회견을 했다.

"도장공장의 특성상 사람이 한번 들어가면 길을 못 찾는다. 안에는 시너와 부탄가스가 있고 심리적으로 불안한 상태라 강제진압 시 어떤 일이 생길지 모른다. 사측의 단전으로 어두워 길을 찾지도 못한다. 불이 나면 유독가스로 인해 아무도 나오지 못할 수도 있다. 회사 측의 중간 관리자들은 20년 이상 근무했기 때문에 이걸 알 것이다. 그런데도 그들은 단전에 동의했다. 안에 있는 사람들이 죽든 말든 상관없다는 말일까?"

그리고 그날도 어김없이, 아니, 더욱더, 용역과 사측 관리자와 경찰은 연대하기 위해 모여든 시민과 가족을 폭행하고 불법으로 연행했다. 쌍용자동차 공장 전체에 죽음의 분위기가 깔리고 통곡 소리가 높아졌으나 이내 끔찍한 헬기 소리에 묻혀버리고 말았다.

공장 안의 상황은 더욱 급박해졌다.

"연일 이어지는 땡볕에 한 조합원은 당뇨병으로 다리가 썩어 들어가고 있다."라고 호소했다. 그들은 "2리터들이 생수 반통을 20명이 먹은 적이 있다. 물이 없어서 밥할 때 나오는 수증기를 모아서 그냥 먹으면 쇠 냄새가 심하다. 제발 물만이라도 들여보내달라."고 호소했다.

한편, 경찰은 몰려든 시민과 가족 들이 피켓을 들고 인도를 조금만 벗어나면 '도로교통법 위반'으로 입건하겠다고 협박했다. 전시에 준하는 상황에서 제네바조약의 규정도 지키지 않고 물과 의약품, 전기를 끊은 그들이 말이다.

노동자들은 이런 상황 속에서 암흑과 더위, 그리고 냄새를 피해 대부분 지붕 쪽으로 나가 있어야 했다. 헬기의 소음과 방송, 최루액으로 잠을 잘 수 없었던 그들. 그리고 2리터짜리 생수 반통을 장정 20명이 나누어 마시는 한여름날. 그들은 실은 제정신이 아니었을 것이다. 거기에 공포가 더해진다. 싸움이라곤 해본 적 없는 순박한 노동자들이 말이다. 그건 이미 죽음이 아니었을까?

그리고, 그리고 그날이 온다.

한 조합원의 증언이다.

"오전 4시경이었는데 올라가서 보니 크레인 3대, 사다리차 1대, 소방차 4대, 지게차 3대가 건물 주위에 있었습니다. 크레인을 지붕 위로 올리더니 마치 빗자루로 쓸 듯 지붕에 있는 방어벽들을 컨테이너로 무너뜨리며 낮게 운행했지요. 사람이 있었더라면 맞았을 거 같아요. 컨테이너는 주변을 잘 살펴보지도 않고 지붕에 내려왔어요. 그 밑에 사람이 있었다면 깔려 죽었을 겁니다. 그들은 우리가 죽든 말든 상관없다는 태도였어요. 관리자들이 쏘는 볼트는 여기저기서 날아오고, 헬기는 최루액을 계속 뿌려대고, 헬기가 일으키는 바람은 너무 거세서 걸을 수가 없었어요."

"오전 8시쯤 물이 필요하다는 동료에게 물을 가져다주기 위해 도장 2공장에서 조립 3·4 공장으로 가고 있었어요. 그때 갑자기 공중에서 컨테이너 세 개가 내려오고, 거기 경찰이 가득 타고 있는 게 보였어요. 전에 본 적이 없는 고무총이 날아다녔어요. 우리는 반대편으로 도망쳤어요. 그러나 지붕이 울퉁불퉁한 데다가 장애물이 많아 도망치기가 쉽지 않았죠. 헬기가 계속 저공비행을 하면서 일으키는 바람 때문에 잘 걸을 수도 없었고요. 옆에 있는 동료들이 넘어지면 엄청나게 달려와 때렸어요……. 그들을 두고 도망쳐야 했습니다. 도장 2공장으로 가는 사다리에 올랐으나 너무 많이 매달려 그대로 추락했어요. 의식은 있었으나 움직일 수 없었죠. 추락한 내게 공중에서 최루액이 두세 차례 더 뿌려졌고 그 와중에도 관리자와 용역은 새총으로 볼트를 계속 쏘아대고 있었어요."

"그들이 진압할 때 경고방송 같은 것은 전혀 없었어요."

노조 관계자는 전화 통화로 상황을 알렸다.

"맞춤형 컨테이너가 조합원들 머리 위 5센티미터까지 내려왔다 올라가며 생명을 위협했다. 조합원들이 물러서는데도 경찰들은 곤봉, 3단봉으로 구타했다."

이때 도망치던 노조원 3명이 추락했다.

경찰은 기중기로 들려 올려간 컨테이너에서 지붕으로 내리자마자 닥치는 대로 노조원들을 구타하기 시작했습니다. 경찰은 넘어진 노조원들을 방패로 이리 찍고 저리 찍었어요. 카메라를 들이대다 렌즈에 비춰지는 장면을 보고 내 눈을 의심했습니다. 어떤 분이 넘어진 채 경찰한테 맞고 있더군요. 한 명이 발로 차고, 그 옆에 있던 경찰이 방패로 찍고, 분이 안 풀린 다른 경찰이 와서 곤봉으로 또 때렸습니다. 한 노조원은 정신을 잃은 것처럼 바닥에 쓰러져 있는데 경찰 여럿이 몰려들어 때렸습니다. 분명히 말씀드리지만 경찰에 대항하는 노조원들을 상대로 때린 게 아닙니다. 무장해제당한 사람을 상대로 한 폭행입니다.

—허재현(《한겨레》 기자) 블로그

아주 햇볕이 강한 날이었어요. 저는 우연히 지붕 밑에서 렌즈를 맞추고 있었죠. 경찰들이 쓰러진 노동자 한 명에게 달려들어 폭행을 가하고 있었습니다. 햇살이 너무 강해 그들은 그늘에 있던 제가 보이지 않았다는 걸 나중에 알게 되었습니다. 때리던 그들이 주위를 둘러보거든요. (사진을) 찍는 사람이 없나 살핀 겁니다. 그러더니 쓰러진 노동자의 헬멧을 벗기고 때리기 시작했어요. 카메라를 눌러대는데 공포와 분노로 덜덜 떨려왔습니다.

— 전 〈노동과 세계〉 사진기자 이명익

그날 경찰은 다목적 발사기라는 신무기도 사용했다. 이 탄환을 맞은 노조원의 귀가 찢어졌다. 후에 이 조합원은 병원에서 인터뷰를 하며 물었다.

"이렇게까지 해서 내가 살아야 합니까?"

쌍용자동차는 경기도 경찰청의 신무기 실험소가 되어버린 듯했다. 한 노동자는 이렇게 진술했다.

"경찰이 원 없이 다 했잖아요. 우리는 마루타가 된 거잖아요."

그리고 그날 공장 밖에서 소식을 듣고 온 가족들도, 항의하던 대학생들도, 시민들도, 기자들도, 의사들도 함께 구타당하고 연행되었다. '법대로' 하는 무법천지였다.

조현오 청장은 지난 5일 기자회견에서 "진압 장비가 뭐가 있느냐, 방패와 경찰봉밖에 없지 않습니까."라고 말했다. 그러나 YTN

의 〈돌발영상〉은 "맞으면 그대로 쓰러질 정도의 충격"이라는 설명과 함께 당일 진압 현장에서 포착된 '총' 모양의 '다목적 발사기'를 보여줬다.

조현오 청장은 '다목적 발사기'를 놓고 "선진국에서도 이미 '폭동 진압용' 이런 데 사용하고 있지 않느냐."고 말했다. 또 조 청장은 '발암물질 최루액 논란'을 놓고 "우리 주변에 발암물질을 가진 음식이 얼마나 많느냐", "최루액은 향수 뿌리는 것과는 다르지 않느냐"는 주장을 했다.

—〈프레시안〉, 2009년 8월 7일자

YTN의 〈돌발영상〉은 사람들에게 충격을 주기에 충분했다. 〈돌발영상〉은 지금 〈뉴스타파〉의 노종면 기자가 만들었던 것으로, 그는 이명박 정권 초기 YTN 노조위원장으로 이미 해고된 뒤였다. 이어 〈돌발영상〉을 맡은 임장혁 피디는 쌍용자동차 관련 〈돌발영상〉을 만들지 말라는 회사의 압력에도 이 프로그램을 만든다. 테이저건을 찍은 것은 YTN이 아니라 〈한겨레〉의 하니TV였는데 임장혁 피디는 이 필름을 구해 영상을 만들었다. 이 〈돌발영상〉이 나간 이후 그는 징계당하고 〈돌발영상〉은 폐지된다. 이번에 공개된 이명박 정권의 민간인 불법사찰 문건에는 〈돌발영상〉 팀을 징계하고 프로그램을 폐지하라는 자상한 지시가 적혀 있다.

이 영상 속에서 1980년 광주를 본 사람이 나만은 아니었나 보다. 과학자인 서울대 수의학과 우희종 교수는 이 무렵 칼럼에서 "겉으로는 약육강식으로 가득한 생태계가 아름다운 것은 그들 식의 소통과 관계가 있기 때문이다. 따라서 폭력은 서로의 소통과 관계 맺음을 왜곡시키거나 단절시키는 행위이다."라고 말한다.

어떤 이는 평택의 상황을 제2의 용산사태로도 말하지만, 용산사태는 무리한 공권력의 집행으로 발생한 사고이며, 결코 경찰이 시민을 죽이려는 의도가 있었다고는 보지 않는다. 그러나 평택에서는 가진 자와 공권력이 의도를 지니고 시민을 죽음으로 몰고 있다. 이것은 약 30년 전 광주에서 있었던 시민 학살의 또 다른 모습이다. 단지 총칼만 없을 뿐이지 우리 역사에 깊은 상처를 낸 그 폭력의 모습이 다시 일상의 얼굴로 되돌아온 것을 말한다. 언제나 공공 질서를 내세우는 경찰과 정부가 용산에서의 책임을 회피하는 것에 머물지 않고, 이제는 시민에 대한 살인 방조에까지 참여하는 모습이 21세기 경제협력개발기구(OECD) 국가인 한국의 현실이다. 약자의 생존이 위협받는 행위가 있을 때 이를 제지하지 않는 경찰과 정부는 과연 누구를 위한 국가 권력인가. 보호는커녕 기득권을 위해 또 무력 진압을 시도하고 있다.

—우희종, 〈한겨레〉 2009년 8월 4일자

나는 우 교수의 과학자다운 잔잔하고 냉철한 해석에 전율했다.

특히 "평택에서는 가진 자와 공권력이 의도를 지니고 시민을 죽음으로 몰고 있다. 이것은 약 30년 전 광주에서 있었던 시민 학살의 또 다른 모습이다."라는 부분이 그랬다. 나 역시 이 자료들을 일독하면서 내내 '경찰과 회사는 정말로 파업 노동자들이 죽어도 좋다고 생각한 것은 아닐까?' 하는 의문을 가졌기 때문이다. 더구나 노동자들은 자신들이 당한 폭력은 이 영상에서 보이는 것의 10분의 1도 안 된다고 일관되게 증언하고 있다. 그들이 방송을 의식한 점 등 여러 정황으로 미루어 생각해보면 일리가 있다. 그렇다면 대체 어느 정도의 폭력이……. 아, 나도 더는 상상할 수가 없다.

생각해보면 아직도 사회주의를 표방하는 중국, 노동자의 국가라는 사회주의 국가의 기업이 부당해고에 항의하는 노동자들을 무자비한 사지로 몰아넣었다. 경찰은 '먹튀'를 하려는 혐의가 짙은 외국 자본에 항의하는 한국 국민에게 신무기까지 이리저리 시험해보며 폭력을 행사하고, 검찰은 나중에 이들을 기소하면서 "쌍용차 사태는 국가보안법 위반 전력이 있는 용공성 짙은 외부세력이 개입되었다."면서 국가보안법을 적용할 뜻을 비쳤다. 그러나 검찰은 누구도 국가보안법으로 기소하지 못했다. 그리고 언론은 처음에 이 모든 것을 눈치챘으나 곧 침묵으로 일관하거나 강경노조 엄중처벌, 위법 용납 안 돼…… 등으로 일관했다.
　대체 누가 국가의 안위를 훼손했을까?

죽은 자 vs. 살았으나 서서히 죽는 자

그날의 상처는 너무도 깊었다. 내부에서는 언제나 그랬듯 의견이 둘로 갈라졌다. 끝까지 싸우자는 쪽과 그만 접자는 쪽……. 부상자가 너무 많았고 조합원들은 너무 지쳐 있었다. 한상균 지부장은 8월 6일 사측에 대화를 요청했다.

그리고 노동자들에게 돌아와 "70억 원만 있으면 고용보장이 되는데도 노동자들이 상처 입었고 메우지 못했다. 자본이 여기까지 온 것은 정리해고를 위한 것이다. 우리는 결국 그것을 막지 못했다."면서 파업을 여기서 접을 뜻을 내비쳤다.

오후 3시 30분경 조합원들은 52(희망퇴직) : 48(무급휴직) 안을 가결시켰고 8시에 조인식을 했다.

노사는 무급휴직자에 대해서는 1년 후 생산 물량에 따라 순환

근무가 이루어질 수 있도록 주간연속 2교대제를 실시하고, 영업 전직을 위해서는 전직 지원금 월 55만 원을 1년간 지급하되 대리점 영업사원에 준하는 근로조건으로 근무하도록 했다. 무급휴직자와 희망퇴직자, 영업 전직 모두 신규인력 요소가 발생하면 공평하게 복귀 채용하기로 했다. 민·형사상의 책임에 대해서는 형사상 책임의 경우 최대한 선처하기로 하고, 민사상 책임은 회생계획인가가 이루어지는 경우 묻지 않기로 했다.

(물론 여러분이 아시다시피 이 약속은 단 한 건도 지켜지지 않았다. 2012년 5월 쌍용자동차는 신규직원을 모집했고, 5월 중순에는 흑자행진을 한다며 예술의전당에서 콘서트도 열었다.)

조합원들은 실망스러웠지만 지도부를 원망하지는 않았다. 그들은 어떤 지도부보다 조합원들과 소통했으며, 투쟁을 피하지 않았고, 조합원들과 하나가 되었던 지도부였다. 지도력 부족이라는 불평도 없었다. 이명박 정부와의 싸움이 되어버린 뒤 공권력과의 싸움에서 이길 수 없을 거라는 것도 알았다.

8월 6일 오후 5시경 지부는 마지막 결의대회를 열었다. 한상균 지부장은 눈물을 흘리며 집회를 마감했다. "동지들과 이 싸움을 한 것을 내 평생의 감동으로 기억할 것입니다." 누군가 아마도 깊디깊은 곳에 숨겨놓았던 소주 한 병을 한상균 지부장에게 헌정했다. 종이컵에 따른 소주를 바라보는 그 순간 침묵이 흘렀다. 혼신을 다해 희생한 지도자에게 주는 모두의 선물이었다.

죽은 자 vs. 살았으나 서서히 죽는 자

그때 MBC 헬기가 상공을 날았다. 조합원들은 MBC 헬기를 향해 손을 흔들었다. 사측은 이미 '용공 MBC 자폭하라.'는 플래카드까지 걸어놓고 있는 터였다. 조합원들의 마음에 다 들지는 않아도 그들이 최대한 공정하게 보도하려고 애썼다는 것을 조합원들은 그 와중에도 알았다. 지긋지긋한 헬기였지만 말이다.

마지막으로 한상균 지부장을 비롯한 지도부는 파업 동지들을 한 사람 한 사람씩 껴안았다. 이 포옹이 끝나면 지도부는 경찰서로 가서 구속될 것이었지만, 후회 없는 표정들이었다.

기억해야 할 또 한 사람이 있다.

우리의 주연급 조연인 조현오 당시 경기도 경찰청장이다. 그는 8월 5일 "내일(8월 6일)까지 도장공장에서 자진 철수하는 노조원들에 대해서는 법이 허용하는 범위 내에서 선처하겠다."라고 밝혔다. 그리고 8월 6일 파업 조합원들은 모두 철수했다. 그러나 그 결과는 1997년 한총련 출범 당시 최대 구속 사태(당시 195명 기소) 이후 12년 만의 최대 구속 사태를 몰고 왔다. 96명 연행, 44명 구속, 그리고 이후로도 계속 조사를 진행해 2009년 11월 당시까지 66명이 구속되었다. 조현오 경기도 경찰청장은 하루 만에 "노조 집행부와 파업 장기화를 이끈 자, 살상행위에 가담한 자, 그리고 외부세력은 절대로 그냥 넘길 수 없다."라고 태도를 바꾸었다.

정리해고를 일부 받아들이고 양보를 통해 노사가 이룩한 대타

협의 의미가 한순간에 물거품이 되었다. 해고 노동자들은 새총과 쇠파이프로 공권력에 맞섰다는 이유로 어느새 '살상행위자(심지어 테러작전의 대상자)'로 둔갑되었다. 누가 살상행위를 했던가?

나는 살상행위를 용서하지 않겠다는 말이 자신들의 과잉 살상행위를 일컫는 줄 알았다. 누가 살상을 했는지는 병원에 입원한 숫자만 봐도 알 텐데 말이다.

조현오 전 경찰청장은 역사 앞에서 끝없이 번복된 자신의 말과 노동자들을 테러범 취급하며 인간사냥에 가깝게 몰아붙였던 과잉 폭력에 대해 대답해야 할 것이다. 꼭 그래야 할 것이다.

66명이 구속됨으로써 고난이 끝난 것은 아니었다.

앞에서 이야기했지만 젊디젊은 장정들은 거의 맨몸으로 집단폭행을 당해 척추 등을 다쳤다. 이들의 고통은 아직도 계속되고 있다. 인권 활동가 미류의 글을 빌려 그들을 만나보자.

어쩔 수 없었다. 어제 나는 옥상에서 떨어져 허리가 부러진 노동자를 만나고, 경찰의 집단 구타로 팔이 부러지고 온몸이 멍투성이인 노동자를 만나고 (중략) "이렇게 이야기해봤자 결국 사람들은 우리를 탓하더라. 이렇게 다치고도 잘못했다는 이야기를 들어야 하는데 지금까지도 엄청난 폭력이 안 알려진 것도 아닌데 더 할 이야기가 없다."(중략) 사흘 동안 하루 30분씩도 잠을 못 자다 보니

죽은 자 vs. 살았으나 서서히 죽는 자

입원하고도 잠이 들지 않는다고, 자려고 눈을 감고 누우면 안에 있는 동지들이 떠올라 누워 있을 수도 없다며 (중략) 고통스러워하는 모습을 봐야 했다. 그의 가슴에 선명하게 남은 고무총탄 자국을 봤고 (중략) 노동자에게 어떻게 다치셨냐고 물어봐야 했다. 뒤에서 갑자기 달려온 경찰이 걸어차 넘어진 후 내리친 방패로 팔이 부러지고 허리와 다리와 얼굴에 하염없는 상처가 가득한, 젊은 청년을 만나야 했다.

정신적 고통 또한 극심해 이미 생명을 위협하기에 이르렀다. 이들은 평택이라는 윤택한 지역에 뿌리를 박은 정말 대한민국의 보통 사람들이었고, 대기업 노동자로서의 혜택과 자부심을 가지고 사는, 그렇게 평탄한 사람들이 보통 그렇듯 겁 많은 소시민들이었다. 그들에게 경찰 소환은, 범죄자라는 낙인은 견디기 힘든 것이었다. 그리하여 8월 24일에는 파업에 참가했던 조합원이 자살을 기도하다가 미수에 그친다. 민주노총은 그의 유서를 공개했다.

그는 파업 타결 하루 전에 건강 악화로 농성장을 빠져나왔다. 그 후로 경찰에 세 차례나 소환되어 조사를 받았다. 그는 유서에서 "살려준다는 말에, 복직시켜준다는 말에, 너만큼은 내가 빼줄 수 있다 …… 가정을 살려야 한다는 생각에 내가 동료를 팔아먹은 죽일 놈입니다. …… 보지도 않은 것을 보았다고 진술을 한 것입니다. …… 아무개가 대포를 만들었다 말해도 구속은 안 시킨다. 만들라고 시킨 놈을 잡으려고 한다. 아무개를 설득시켜라."고 강요받았다면서 "내가 동지들에게 할 수 있는 길이 이 길뿐이라 생각합니다. 죄송합니다."라고 유서를 끝맺었다. 경찰이 복직시켜 줄 권한이 있는지는 차치하더라도 세상에서 가장 비열한 수사였다. 구속되지 않은 거의 모든 사람은 이런 경찰에게 이런 식으로 시달린다.

그리하여 며칠 후 또 한 사람의 자살 기도자가 발견되었다. 그 역시 진압 전날 농성장을 나와 경찰에 연행되었는데, 모두 세 번에 걸쳐 하루 8~14시간 조사를 받았다고 한다. 또한 경찰이 수시로 전화를 해서 전화벨 소리만 나면 공포에 사로잡혔다고 했다. 그의 아내는 그 경찰관이 자살 기도 소식을 전해 듣고 '도의적으로 미안하다.'고 했다고 전했다.

경찰서에 연행되는 동안 심한 고통을 호소한 부상자 2명도 이틀이나 지나서야 병원으로 후송되었다. 그들은 검사와 수술이 끝나자마자 다시 경찰서로 호송되었다. 의사가 입원해야 한다는 소견을 피력했지만 무시되었다.

사회가 우리보고 죽으라 한다

지금 세상 어디선가
누군가 울고 있다
세상에서 이유 없이 울고 있는 사람은
나를 위해 울고 있다
……
지금 세상 어디선가
누군가 걷고 있다
정처도 없이 걷고 있는 사람은
내게로 오고 있다

―라이너 마리아 릴케, 〈엄숙한 시간〉 중에서

녹색병원과 전국금속노조는 이 무렵 쌍용자동차 해고자들의 정신건강 상태를 검진한 결과를 발표했다. 노조원 257명의 정신건강 상태를 연구한 임상혁 노동환경연구소 소장은 "처음에는 콤마를 잘못 찍은 줄 알았다. '정상'인 사람이 7%밖에 안 된다. 심리상담이 필요한 중증도 우울증상을 보이는 경우가 50년간 미군의 폭격으로 물적·정신적 피해를 입은 매향리 주민들보다 3배나 높다."고 말했다. 파업에 참가한 쌍용자동차 노동자 중 48.2%가 외상 후 스트레스 증후군을 겪고 있고, 전체 중 71%가 심리상담 등의 치료가 필요할 정도의 우울 증세를 보이고 있었으며, 이는 인명사고를 경험한 기관사나 성폭력 등 각종 폭력에 노출된 서비스 노동자보다 6~7배 높다는 것이다.

또 다른 보고서인 '쌍용자동차 구조조정 노동자 3차 정신건강 실태 조사 보고서'에 따르면 190명의 80%가 중증 이상의 우울증에 시달리고 있는 것으로 나타났다. 이들의 1년간 자살률은 일반인의 3.74배, 심근경색 사망률은 18.3배에 달하는 것으로 드러났다. 이밖에도 이들은 계속 진압당하는 악몽을 꾸고, 헬기 소리는 물론 선풍기 소리에도 비명을 지르는 등의 엄청난 후유증을 보이고 있으며, 농성이 계속된다고 생각해 집 안에 비상식량을 쌓아두고 새총을 장전하는 등의 정신이상 증상이 나타나고 있었다. 이혼으로 깨진 가정이 수없이 생겨났다. 거의 모든 사람의 삶이 철저하게 파괴되었다.

이 무렵에라도 서둘러 심리치료를 받았다면 자살을 막을 수 있지 않았을까, 부질없이 생각해본다. 비용이 만만찮다고 말하겠지. 나는 꿈꾼다. 최소한 두 가지, 돈이 없어 치료받지 못하고, 돈이 없어 교육받지 못하는 사람이 없는 나라. 자고, 먹고, 입는 것이 최소한 보장되는 나라…… 그래, 그 돈이 없어서 우리는 그들을 보냈다. 그냥 보낸 것이 아니라 엄청난 고독과 절망으로 세상을 향해 한 글자도 남기고 싶지 않을 만큼의 절망 속에서 말이다. 22번째 자살자까지 아무도 유서가 없다. 자살한 한 노동자의 휴대전화에서는 모든 이름과 전화번호가 지워지고 '어, 머, 니' 세 글자와 어머니의 전화번호만 남아 있었다.

얼마 전 〈경향신문〉과의 인터뷰에서 정혜신 박사는 "우리나라는 OECD 회원국 중 인구 10만 명당 31명이 자살하는 최고 자살국이다. 그러나 쌍용자동차의 경우 해고 노동자 2,646명 중 22명이 사망했는데, 그중 자살자는 12명이다. 국내 자살률의 15배에 달할 정도로 심각한 상황"이라면서 쌍용자동차 팀은 "내가 만난 환자들 중 최악"의 우울증을 보이고 있다고 했다.

정 박사는 "파업 후 구속당한 아픔보다 이후 쏟아지는 사회적 거부감과 비난이 이들을 더 절망감으로 몰아넣고 있다."고 말했다. 또한 "초기 상담에 참여한 해고자들은 심리적으로 비교적 건강한 사람들"이었는데도 "도망가고 싶은 마음을 통제하면서 자기 상처를 드러낼 용기를 낸 이들에게서도 이미 자살충동이 너무 높게 나타났다."고 했다.

정 박사는 "일반적으로 정리해고는 한 인간이 무리에서 배제되는 치명적인 경험"이라며 "쌍용자동차 해고자들은 이에 더해 전쟁 상황 같은 77일간의 옥쇄파업을 겪었다."고 말했다.

그는 "인간 이하의 모습을 접한 뒤 본인이 직접 확인한, 바닥까지 갔던 경험은 씻을 수 없는 상처가 된다."고 했다.

정 박사는 이를 고문 피해자에 빗대 "극한의 고문을 당했던 분들에게 '무엇이 가장 고통스러웠느냐.'고 물어보면 놀랍게도 고문당했던 경험보다 감옥을 나와 사회생활을 하면서 받은 상처가 가장 끔찍했다고 얘기한다."고 밝혔다. 마찬가지로 해고자들 또한 옥쇄파업을 하고 구속당하는 것보다 그다음 이어지는 삶이 이들에겐 더 큰 형벌이다.

그리고 이들은 아직도 죽음 앞에 서 있다. 희망이, 정의가 없는 까닭이며, 그것이 회복될 가능성은 더욱 없기 때문이며, 자신들을 폭도로 몰아가는 힘센 정권과 언론과 여론이, 그리고 어쩌면 우리가 그들에게 억울함을 이야기할 기회조차 주지 않았기 때문이다. 〈PD수첩〉에 출연했던 한 노동자의 말이 잊히지 않는다.

"사회가 우리보고 죽으라고 하는 것 같았어요, 이 사회에서 나가달라고."

좋겠구나
이젠 한진중공업 박창수처럼 YH무역 김경숙처럼
굳이 끌고 가 떠밀어 죽이지 않아도
저절로 떨어져 죽어가니

너희는 참 좋겠구나
이젠 용산에서처럼 더 이상 물러날 곳 없는 망루에 가둬두고
짓밟고 태워 죽이지 않아도
저절로 피 말라 죽어가니

—송경동, 〈너희는 참 좋겠구나〉 중에서

    그렇게 경찰서로 병원으로 돌아서 집으로 돌아온 이들에게 또 하나의 살인적인 무기가 기다리고 있었다. 집으로 돌아온 4명의 부상자들에게 총 3,000만 원의 보험급여 환수가 통보되었다. "고의 또는 중대한 과실로 인한 범죄행위에 기인하거나 고의로 사고를 발생시킬 때에는 보험급여를 하지 아니한다."는 국민건강보험법 제48조 제1항을 들어서 의료보험료를 환급하라는 것이었다. 이들은 모두 경찰의 과잉진압으로 척추가 손상되는 등 피해를 입은 노동자들이다. 이는 쌍용자동차뿐 아니라 용산 참사 피해자들에게도 마찬가지, 더욱 거슬러 올라가면 광주항쟁 부상자들에게까지 이어진다. 잔인하고 잔인한 일이다.

이명박 정권 들어 내가 느끼는 극심한 피로감은, 그들은 약자에게 조금이라도 약점이 보이면 가차 없이 팬다는 것이다. 곤죽이 될 때까지. 그것도 공개적으로 팬다는 것이다. 나는 몹시 피곤하다.

우리는 폭력 하면 강경대·박종철의 죽음을 몰고 온 경찰 폭력, 용산 참사 진압 과정에서의 폭력만을 연상한다. 이는 당연히 물리적 폭력이다. 그러나 쌍용자동차 노동자의 자살은 우리의 국가와 자본에 의해 작동하는 독특한 '구조적 폭력'이 만들어낸 '구조적 타살'로 규정되어야 한다. 실제 잔인한 파업 진압 과정에서의 상흔과 트라우마, 피를 말리는 생계 고통, 마치 블랙리스트처럼 따라다니며 취업을 방해하는 낙인, 정부와 회사의 압박과 무대응이 만들어내는 심리적 압박과 좌절, 분노로 수많은 노동자가 스스로의 목숨을 끊은 것이다. 물리적 폭력은 가시적이기 때문에 공분의 대상이 되지만, 역설적으로 이러한 구조적 폭력은 비가시적이기 때문에 무심코 지나가고, 그 폭력에 신음하면서 보내는 구호 요청의 신호에 전혀 응답하지 않는다. 특히 신자유주의 시대에 이 구조적 폭력은 국제경쟁력이라는 이름으로 정당화되면서 많은 사람이 무관심과 순응의 자세로 불가피한 것으로 받아들인다. 나는 당연히 이 자살은 자살이 아니라, 구조적 타살이며 사회적 타살로 규정되어야 한다고 생각한다.

—조희연, 〈한겨레〉, 2012년 4월 16일자

조희연 교수의 말은 어제도 오늘도 적용된다. 즉 약자들은 이제 물리적 폭력이 아니어도 죽어가고 있다. 절망과 빈곤으로 천천히 말라서 말이다.

가장의 고통은 곧 가족의 고통이다. 가족대책위원회는 남편들의 파업 동안 그보다 더한 눈물을 흘려야 했다. 대개 어린아이들의 엄마이고 대개는 직업이 없던 이 주부들은 평생 처음 보는 공권력의 횡포 앞에서 깊디깊은 상처를 받았다. 노동자들이었던 남자들도 그렇지만 이들은 특히 대기업의 안정된 노동자의 아내로서 보수적인 평택지역의 두터운 중류층을 이루고 있었다. 짐작컨대 이들은 그 이전에는 보수당에 투표하는 사람들이었을 것이다. 그런데 하루아침에 남편이 쫓겨나고 당장 아파트 관리비를 낼 돈이 없는 충격에 고통받고 경찰의 폭력에 당하고 언론에 빨갱이로 몰리고, 그리고 폭행당하게 된 것이다. 그것도 어린 아들딸이 보는 앞에서.

"대한민국에서 우리를 버렸고요. 회사에서도 버렸고요. 우린 동료에게도 버려졌죠. 어제까지 우리 집에 와서 술도 먹고 야유회서 밥도 먹던 사람들이 나를 보고 눈을 똑바로 뜨며 외치더군요. '외부세력 물러가라.' 우리가 언제부터 외부세력이 된 겁니까?"

"아직도 생각나요. 우리가 회사 앞에 갔는데 '산 자' 들이 '이러다가 다 죽는다. 너희는 물러가라!' 이런 구호를 외치고 있는 거예요. 우리가 그 앞에 섰죠. 제가 말했어요. 아저씨, 아저씨, 나 알죠? 전에 애 아빠랑 저희 집에 오셔서 늦도록 술 드셨잖아요, 우리 야유회 가서도 한 돗자리에 두 가족이 같이 앉았잖아요. 아저씨, 어떻게 아저씨만 살자고 우리보고 죽으라고 하세요 하고 말했는데…… 그분 끝내 내 눈을 피하면서 로봇처럼 계속 구호를 외쳤어요. 그때만 해도 그렇게 밉지 않았는데 얼마 전 거리에서 마주쳤는데…… 미칠 것 같았어요. 마음속으로 욕이 나오고…….″

젊은 노동자의 아내는 그렇게 말하며 또 울었다.

우선은 경제적 고통이 가장 컸다. 그저 수입이 없는 것만으로도 버티기 힘든데 가압류에 손배소에 설상가상 쌍용자동차 출신들은 취직이 되지 않았다(이는 우리나라 정리해고자들이 공통적으로 겪는 문제이다. 물러설 데가 없는데 사람들이 어떻게 가만히 있겠는가.). 그리고 그들은 언론에 의해 "회사는 죽든 말든 자기들만 살려는 이기적인 집단" 혹은 "빨갱이"로 매도되었다. 국가는 회사는 이들에게 진심으로 미안해했어야 하는 것 아닌가. 그런 거 유치원 때, 아니 유치원 전 놀이방 때 배우는 것 아니던가. 대체 상식이 무엇일까. 지금 이 나라에 상식이 있던가?

파업이 끝나자마자 평택 공장의 분위기는 급변했다. 한마디로 '회사 눈 밖에 나면 일자리를 잃는다.'는 불안감이 팽배한 것이다. 회사 관계자들은 '불만 있으면 나가라. 일할 사람 얼마든지 있다.' 하는 태도였다. 동료들과의 유대도 허물어졌다. 앞에서도 말했지만, 사람 수보다 하나 모자라게 의자를 가져다놓으면 사람들은 알아서 서로 경쟁하고 긴장한다. 노동강도는 훨씬 세어져서 동종업계 세계 최고이다.

나는 자료를 읽다가 생각하기도 싫은 23번째 희생자는 공장 내의 '산 자'들에게서 나올지도 모른다고 생각했다. 그리고 이 글을 마칠 즈음인 2012년 6월 초 창원 공장에서 야근을 마친 40대 초반의 노동자가 샤워 중 쓰러져 병원으로 옮겨졌으나 중태라는 소식을 들었다. 그분의 쾌유를 빈다.

한편, 이명박 대통령은 2011년 봄, 벌써 15명의 희생자가 나온 쌍용자동차 사태를 라디오 연설에서 언급한다.

30일 오전 이 대통령은 66번째 라디오 연설에서 "연봉 7,000만 원을 받는다는 근로자들이 불법파업을 벌이는 안타까운 일이 벌어졌다."며 "평균 2,000만 원도 채 받지 못하는 비정규직 근로자들이 아직도 많은데, 그 3배 이상 받는 근로자들이 파업을 한 것"이라고 지적했다. 직접 언급하지는 않았지만 내용상 유성기업의 파업을 지칭한 것으로 보인다.

유성기업의 급여는 파업 직전 현대기아차 측이 공개한 자료를 통해 처음 알려졌다. 자료에 따르면 생산직은 7,015만 원, 관리직은 6,192만 원으로 나와 있었고, 이를 보수 성향의 언론과 주요 경제지에서 그대로 받아쓰며 '귀족 노조 파업' 논란을 부추겼다.

하지만 이는 곧 사실이 아닌 것으로 드러났다. 유성기업 노조에서 공개한 입사 8년차 조합원의 급여명세서를 보면, 각종 세금과 건강보험, 기본급, 기본급 외 수당 등을 다 합해 251만 원으로, 연봉 3,000만 원 정도였다. 기본급은 123만 4,316원이었고, 휴일에도 15시간을 일하고, 평일에도 28시간의 잔업까지 해서 받은 금액이다. (중략)

또 "쌍용차의 경우 파업 사태 전까지는 자동차 한 대를 생산하는 데 106시간이 걸렸지만 노사관계가 안정된 뒤에는 38시간으로 줄어들었다."며 "예전에 차 한 대 만들던 시간에 이제는 세 대를 만들고 있다니 놀라운 일"이라고 말했다.

—〈오마이뉴스〉, 2011년 5월 30일자

이때는 나와 정혜신 박사를 쌍용자동차에 관심을 가지게 했던 그 남매가 고아가 된 지 한참이 지나고 다른 희생자 2명이 더 나왔던 시점이다.

그리고 설사 유성기업의 노동자들이 7,000만 원을 받는다 해도 파업은 엄연히 헌법에 보장된 노동자의 권리이다. 돈을 많이 받으면 파업을 하면 안 된다니……. 대통령의 머릿속에는 돈을 많이 받으면 불만을 이야기하면 안 된다는 생각이라도 있는 걸까? 돈이 얼마나 중요하면? 그러면 대통령이 2,000만 원 연봉의 비정규직 파업은 지지했을까?

이제는 철학을 생각해야 할 시점이 다시 온 것 같다. 어려운 이야기가 아니다. 삶이 무엇 때문에 지속된다고 생각하는지, 인간의 노동이 무엇인지, 인간은 진정 무엇으로 고난을 이겨내는지 그런 철학 말이다. 나는 생각해보았다. 이명박 대통령은 생애를 통틀어 어떤 때 가장 행복했을까? 그리고 어떤 때 인간은 가장 행복하다고 생각할까? 이 연설문을 보면 그는 자동차가 한 대 생산될 시간에 세 대가 생산되면 행복하다고 믿나 보다. 그런데 그 자동차는 누가 탈까? 한 명씩 죽어가는데.

풀잎에도 상처가 있다

풀잎에도 상처가 있다.
꽃잎에도 상처가 있다.

너와 함께 걸었던 들길을 걸으며
들길에 앉아 저녁놀을 바라보면
상처 많은 풀잎들이 손을 흔든다.

상처 많은 꽃잎들이
가장 향기롭다.

— 정호승, 〈풀잎에도 상처가 있다〉

마지막으로 달려가다 보니 마음이 몹시 착잡하다.

처음 쌍용자동차 희생자들은 자살 혹은 스트레스에 의한 심근경색 및 뇌출혈로 스러져갔다. 초기에도 자살 기도 몇 건이 있었지만, 약간의 시간이 필요한 방법들이어서 다행히도 가족에게 발견되어 미수에 그친다. 그러나 회사가 약속한 일 년이 지난 시점부터 자살자는 급증한다. 그리고 방법도 높은 곳에서 투신하는 등의 극단적인 것이 된다. 대략 2011년이 시작되는 시점, 파업이 끝나고 회사가 약속한 일 년에서 4개월쯤이 더 지난 시점이다.

그러므로 조심스레 말해본다.

해고는 살인이다. 정말이다.

하물며…….

2010년 칠레 북부 사막 수백 미터 땅속에 갇혀 있던 광부들은 땅 위에서 전해오는 희망 하나만을 믿고 69일을 버텼다. 전 세계인들의 기도와 환호 속에 구출된 그들은 보상도 받고 영웅 대접도 받았으나 현재 극심한 후유증에 시달린다고 한다.

그런데 그보다 긴 시간을 단전과 단수, 그리고 최루액이 쏟아지는 곳에서 버티다 결국 테러범들처럼 두들겨 맞고, 해고되고, 사법 처리되고, "선생님이 우리 아빠보고 빨갱이라고 해."라며 울고 돌아오는 자녀들을 가진 이들은…… 희망이 없다.

언제나처럼 우리는 보수 언론의 역할도 기억해야 한다. 〈동아

일보〉는 "파업은 끝났지만 정부와 사측은 폭력행위를 주도하거나 적극 가담한 노조원에 대해서는 엄중한 책임을 물어야 할 것이다. 심각한 불법을 저질러도 나중에 협상만 타결되면 문제를 삼지 않는 잘못된 관행이 되풀이되어서는 안 된다."며 노동자들에 대한 처벌을 촉구했다. 〈조선일보〉도 "(쌍용자동차가 살아남기 위한) 마지막 희망은 새로운 대주주를 구하는 것이다. …… 그러려면 무엇보다 쌍용자동차를 이 지경으로 몰아간 노조에 대해 법과 원칙에 따라 철저히 그 책임을 묻는 과정을 거쳐야 한다."고 주장했다.

이들이 자기 자신이나 권력자들에 대해서도 이렇게 철저한 법 집행을 주장하는가에 대해 나는 논하지 않으려 한다. 입이 아프고 재미가 없어서이다. 그리고 그들의 상투적인 말투를 이제 모르는 사람이 없을 거라 생각하기 때문이다.

다만 이들이 말하는 그 '법'에 대해 나도 궁금했다. 내 잘못은 하나도 없는데, 그냥 회사가 어렵다고 나가라는데, 나가지 않고 싶다고 파업하는 게 정말 불법인지 말이다. 파업은 노동자의 유일한 권리이고 헌법에도 보장된 것으로 알고 있기에 말이다. 나는 변호사들을 만나고 법대 교수님들께도 물었다.

결론은? 불법이다. 어떻게 거절해도 다 불법이다. '네' 하고 나가는 수밖에 없다. 현재 우리나라의 경우 6개월 치 해고수당이 전부이다.

정리해고법이 이렇듯 남용되어 개개인을 파괴할 소지가 있었기에 애초 법을 만드는 과정에서 몇 가지 단서조항이 달린다.

① 긴박한 경영상의 필요. 회사가 도산의 위기에 처해 있거나 계속되는 경영 악화, 생산성 향상을 위한 작업 형태의 변경 또는 기술 혁신에 따른 구조적 변화 등으로 인원 삭감이 객관적으로 보아 합리성이 있는 경우와 경영 악화 방지를 위한 사업의 양도·양수·합병
② 해고에 앞선 조업 단축, 신규 채용 금지, 무급휴직 등 사용자의 해고 회피 노력
③ 합리적이고 공정한 해고의 기준을 정하고, 이에 따라 그 대상자를 선정
④ 근로자 반수 이상으로 구성된 노동조합이나 근로자 과반수를 대표하는 자와의 성실한 협의
⑤ 통상 상시 근로자 수의 10% 이상을 해고시키는 경우에는 해고의 사유, 해고 예정 인원 등을 노동부장관에게 신고

이것조차 해석의 가능성이 무궁무진하지만, 어쨌든 처음에는 비교적 엄격하게 적용되었다. 그러나 최근 3년 (특히 이명박 정부 들어) 동안 이 단서가 관철된 적은 한 번도 없었다. 하급법원에서 부당해고라고 판결을 해도 대법원에서 인정해주지 않는다. 결국 이대로라면 모든 파업은 불법파업이고 노동자들은 거기에 대한

금전적 손해를 물어야 한다. 해고당하고, 집 빼앗기고, 감옥 가고, 가정 깨지고…… 종합선물세트이다.

 심지어 요즘은 법원에서 부당해고 판결을 내리는 그 시점부터 다시 해고하는 악랄한 회사도 있다. 아름다운 기타를 만드는 콜트-콜텍 같은 회사가 그렇다. 그들은 법대로 한다고 하는데, 자본가들에게 법은 정말 우습다. 그럼 법은 돈 없는 이들에게만 적용되는 것인가? 글쎄…….

 선진국 중 가장 보수적이라고 알려진 일본 법원도 순수하게 정치적인(예를 들면 쌍용자동차 노조가 이명박 퇴진을 요구하는 파업을 한다든지) 것 외에는 불법이 아니라고 보는 것과 비교해볼 때 우리나라 법원의 경직되고 우경적인 편협성은 우리의 삶 자체를 위협하는 요소로, 이미 경찰의 과잉폭력만큼 가까이 있다.

 대한문 앞 쌍용자동차 분향소에 앉아 지나가는 회사원들을 바라보며 나는 가끔 생각하곤 했다. '이 사람들이 겪고 있는 일이 남의 일이 아닌 거 아시죠? 이 사람들도 나름 중산층이라고 생각했던 보수층이었다는 거 아시죠? 사장이 오늘 당신을 해고한다고 해서 대드는 순간 불법이란 거 아시죠? 아시죠, 네?'
 사법부, 검찰……. 그대들은 우리의 행복한 시간을 위해 풀어야 할 역사의 과제로 남게 되었다.
 처음에 나는 쌍용자동차 해고자들이 가여워서, 그들이 죽지 않게 하려고 이 일을 시작했다. 그런데 자료를 들추면 들출수록, 알아가면 알아갈수록, 그게 아니라는 것을 깨닫는다. 아무리 생각해 봐도 이 나라는 노동자들에게 이렇게 말하고 있는 듯하다.

"너희는 우리를 위해 소모되다가 우리가 그만하라면 그만하고 죽어라. 알았지?"

이런 생각이 드는 내 자신이 싫었다. 설마 세상을 그렇게 비관적으로 봐야 할까, 나를 나무랐다. 그러나 아니었다. 어떻게 하라는 말일까? 그렇게 해고해놓고, 먹고살 길이 없는데 어떻게 하라는 말일까? 게다가 폭도며 과격분자며 마침내 빨갱이 칭호에 이르고 나면 더는 아무 대책이 없다.

우리 아이들이 입시경쟁을 치르고 스펙을 쌓고 취직을 한다 해도 '긴박한 경영상의 이유'를 빙자한 '더 많이 벌기 위한 경영상의 이유로' 오래도록 성실했던 내 아이들을 해고시킨다면, 그래서 거기에 항의하는 내 아이들을 경찰이 와서 테러범처럼 진압한다면, 문서상으로 보아도 조작이 분명한데 전문가들끼리 그게 맞다고 우긴다면, 그래서 내 아이가 대한문 앞 비닐 천막에 쭈그리고 앉아 '해고는 살인이다.'라고 외치지 않는다는 보장이 없다는 것을 안 것이다.

그러니 나는 앞으로 아이들에게 말할 것만 같다.

"절대 열심히 일하지 마라. 상사 눈에 들게 적당히만 해라. 특히 명절이나 기념일에 작은 거라도 선물을 챙기고, 사석에서 좋은 말만 하거라. 사람이란 게 아부인 줄 알면서도 싫어하는 사람 절대 없다. 그리고 근무시간 중에도 틈나는 대로 부동산이나 증권을 검색하면서 불시에 닥칠 해고나 노후에 대비하도록 해라. 알았지? 그래야 상처받지 않는다. 그래야 산다. 그리고 만일 정리해고를 하겠다고 하거든 '네, 알겠습니다!' 하고 어서 회사를 나오거라. 안 그러면 다 불법이야!"

나라가 망할 것 같았다. 나라가 망하면 내 노후는, 내가 부은 국민연금은 어떻게 받나? 나는 그게 두려웠다. 진심이다.

신자유주의란 여기 임금이 비싸면 저기 싼 곳으로 옮겨간다. 여기서 일하던 사람들은 어떻게 되든 관심이 없다. 그들은 그것을 유연화라고 부른다. 이 아름다운 이름, '유연화'라는 명사는 그러나 실은 무척 잔인하고 폭력적인 것이다. 그것은 해고의 유연화, 빈곤의 유연화, 살인의 유연화, 살인 은폐의 유연화, 인간 경시 유연화의 다른 이름일지 모른다. 그렇게 싼 임금을 찾아 자본은 전 세계를 누빈다. 한진중공업도 그렇게 필리핀으로 갔고, 법원이 부당해고를 했다고 복직시키라는 사람을 그 자리에서 다시 해고한 콜트-콜텍도 그렇게 중국으로 갔다. 중국의 임금이 오르면 그들은 미얀마나 스리랑카, 나중에는 아프리카로 갈 것이다.

결국 신자유주의는 싼 임금이 뒷받침되어야 유지된다. 그래서 상대적으로 비싼 임금을 받던 사람들은 그렇게 모두 일시에 해고당하고 가난해지고 불안해진다. 모든 사람을 가난하게 만들면 일시적으로 자본가들이 부를 차지할지 모르지만 그 후에 그들의 산업도 쇠락한다. 수요가 줄기 때문이다. 그런데도 부를 유지할 수 있다면, 그건 가난한 이들의 고혈을 짜는 방식일 것이다. 그럼에도 그들은 자기들에게 이용당해주는 99%가 있기에 이 영화도 영원할 것이라고 생각할지도 모르겠다. 배고픈 자들은 결코 모두 단결하는 법이 없으니까. 의자를 반만 가져다 놓고 빙글빙글 돌다가 앉으라고 하면 옆 사람들을 확 밀치고 자기만 살려고 할 테니까. 그게 인간이라고 그들은 확신하고 있는 것 같다. 그들은 그랬고, 그럴 테니까.

함께 살자, 함께!

제주 해녀를 감탄스럽게 바라보던 외국인이 물었다.

"만일 장비가 있다면 엄청나게 많은 해산물을 채취할 수 있겠군요. 예를 들면 스킨스쿠버 장비 같은."

해녀가 대답했다.

"그렇죠. 그런 게 있으면 지금보다 100배는 더 많이 딸 수 있겠죠."

외국인이 다시 물었다.

"그러면 왜 그걸 사용하지 않으십니까?"

해녀가 웃으며 대답했다.

"내가 100명분을 다 따면 나머지 99명은 어떻게 하라고요?"

상하이차는 파업 후 쌍용자동차를 인도의 마힌드라사에 넘겼다. 상하이차로서는 만족스러운 해결이었을 것이다. 여기에 쌍용자동차 해고자들의 어려움이 있다. 예를 들면 한진중공업은 조남호 회장이라는 대상으로 상징적 대치상황이 정리된다. 현대자동차 하면 정몽구 회장, 삼성 하면 이건희 회장 같은 식이다. 그런데 쌍용자동차에는 대상이 없다. 그들은 마치 유령과 싸우는 것 같다. 유령과 싸우면 싸우는 사람이 제정신을 잃게 된다.

지금 그들이 평택으로 가면 인도 자본인 마힌드라사는 이렇게 대답할 것이다. 당신들을 해고한 것은 우리가 아니었고, 복직시켜 주겠다는 것도 우리의 약속이 아니었다고. 상하이차는 말이 없을 것이다. 관리자들은 말할 것이고 말하고 있다. 우린 그저 시키는 대로 했다고. 게다가 노무현 정권 책임도 있는데 왜 우리만 갖고 그러냐고 할지도 모른다.

죽이고 싶을 정도로 관리자들이 밉지만, 그들이 적대의 진짜 대상이 아니라는 것을 조합원들은 안다. 그렇다고 해서 그들로부터 받은 고통이 덜어지는 것도 아니다. 산 자들도 밉지만 그들도 고통의 제공자가 아니다. 고통은 있는데 고통의 원인 제공자는 종잡을 수가 없다.

싸움의 쟁점 또한 그렇다. 원래는 회계 부정과 조작에 따른 상하이차의 부정, 그리고 그와 연루된 한국의 회계법인이 부당해고를 설명하는 키워드였다. 그러나 희생자가 늘어나면서 자살이 쌍용자동차 문제의 가장 큰 본질처럼 변해버렸다. '먹튀'를 방조한 국가권력, 산업은행, 그리고 기술 유출을 눈감다시피 한 검찰, 엉뚱한 사람이 내놓은 근거로 기술 유출 무죄를 선고한 무성의한 법원, 약속을 지키지 않는 회사…….

 쌍용자동차 투쟁이 그 전의 정리해고 반대투쟁과 다른 점 중 하나는 자본의 철저한 배제 전략, 숨 쉴 틈 하나 주지 않는 고립과 낙인, 그리고 무대응, 공동체의 붕괴 따위에는 관심이 없고 갈등을 피할 핑곗거리는 풍부하다는 것 등이라고 혹자는 말했다.

 생각해보라. 삶은 파탄 나고 하루아침에 빈민으로 전락했다. 상처의 후유증은 몸과 마음에 깊이 새겨져 하루 종일 쓰리다. 희망이라고는 아무 데도 없는데 폭도, 빨갱이라고 손가락질마저 받는다. 그런데 미워할 대상이 없다. 친구도 끊어지고 동료들도 뿔뿔이 흩어진 날, 곰곰이 생각해보니 더 공부 많이 해서 출세하지 못한 내가 바보고 내가 죄인인 것만 같다. 부모만 잘 만났어도 이런 일은 없었을 텐데, 이제 나 만나서 아내와 아이들도 고생하는 것 같다. 다 내가 못난 탓이다, 내가 죄인이다, 그렇게 생각해버리는 게, 남 탓 해보지 못하고 평생을 산 착한 그들에게 가장 쉬웠을 것이다.

 쌍용자동차에 대한 이야기가 중요한 것은 바로 이 지점이다. 앞으로 우리를 고용하고 월급을 주고 해고하게 될 자본은 대개 쌍용자동차와 같은 성격을 가지게 될 것이다. 우리 아이들을 해고하는 것도 이런 자본일 것이다. 눈이 팽팽 돌 정도로 헷갈려서 대체 누가 이 회사의 주인인지도 모를 경우가 더 많을 것이다. 아직도 의혹에 싸여 있는 BBK를 보라. 주가 조작으로 피해를 입은 소액주주들 역시 대체 누구를 고소해야 좋을지, BBK의 주인이 누군지 아직도 모른다. 맥쿼리사를 보라. 인천공항을 매각한다는데 그걸 맥쿼리사가 산다면 이명박 정부가 공항을 파는 것인지 사는 것인지 아리송해질 수 있다. 맥쿼리 주식을 이명박 일가가 소유하고 있다는 설 때문이다. 현대 자본의 무서움은 바로 이 모호함이다. 그래서 쌍용자동차 해결이 우리에게 더 중요해진다.

나는 그렇게 배웠다. 인간은 동물이 아니고, 우리 사회는 힘이 센 자가 힘없는 자를 함부로 지배하고 잡아먹는 정글이 아니므로 국가가 필요하고 공권력이 탄생했다고. 우리가 그들에게 복종하고, 그들이 내라는 대로 세금을 내고, 웬만한 비리에도 대개는 눈감는 것은 그들이 이 기능을 하기 때문이다. 실제로 전철 안에서 힘이 센 남자가 나에게 폭력을 가하면 공권력이 분명 그를 처벌하고 나를 보호할 거라는 믿음이 아직 내게는 있다. 그게 물리적 힘이라면 말이다. 그런데 돈의 힘이라면 이야기가 달라진다. 많이 달라진다. 그렇게 달라진 이야기를 나는 이 책을 통해서 했다.

더구나 국가의 세금으로 투자한 하이브리드 개발 기술 등을 지키려는 노동자들을, 그 기술만 빼먹고 제대로 대가도 지불하지 않은 채 철수하려는 저들의 꼼수를, 순박한 노동자들도 다 알아버린 그 꼼수를 똑똑하신 검찰과 정부, 은행 관계자, 법원은 정말 몰랐을까? 그들에게는 외국 자본이 우리 돈을 먹고 튀고, 기술을 가져가는 것보다 노동자들이 고분고분하지 않는 게 더 두려운 일이었을까?

전문가들은 각종 보고서를 통해 쌍용자동차가 2012년 그들이 자랑한 대로 예전의 최고 생산력의 70%를 만회했으며, 이제 1,500~2,000명 정도의 추가 고용 능력이 있다고 분석하고 있다. 아니, 추가 고용 능력이 아니라 지금 같은 살인적 노동강도는 비인간적이라는 지적도 하고 있다. 정치권은 지금 국민적 관심사가 된 쌍용자동차 문제를 해결하기 위해 나서고 있다. 이 나이만큼 살고 알게 된 것 중 하나는, 정치권이 우선 해결하려고 하는 문제는 국민이 많은 관심을 가지고 있는 문제라는 것이다. 물론 국민이 관심을 가지고 있다고 다 해결해주지는 않지만 말이다.

외국 자본이 들어오기 전, 쌍용도 대우도 떠나고 그냥 작업만 이루어지던 그때 쌍용자동차는 가장 많은 흑자를 냈다. 세계정세나 금융 흐름 등을 고려하면 그것만이 원인은 아니지만 말이다. 인도의 마힌드라사 역시 상하이차와 같은 목적으로 쌍용자동차를 인수했다는 혐의를 지울 수가 없다. 그들 역시 약속한 투자는 전혀 지키지 않은 채 살인적인 노동강도로 경영을 이어가고 있다.

노동계가 반대하는데도 잘나가던 쌍용자동차를 헐값에 매각한 노무현 정부의 경제 관료들과 살기 위해 몸부림치는 노동자들을 죽음으로 몰고 간, 그리고 조작 의혹이 짙은 상하이차의 '먹튀'를 방조한 이명박 정권은 이 사태에 대해 책임을 져야 한다. 앞으로 대선에 나올 후보들도 여기에 대답해야만 한다. 안진회계법인, 삼정KPMG, 삼일회계법인, 전 경기도 경찰청장 조현오, 쌍용자동차 한국 노무 관리팀, 그리고 보수 언론 또한 대답해야 한다.

22명의 꺼져간 생명들이 당신들에게 물을 것이다. 왜 그런 말 있지 않은가? "신께서 이 피에 대해 당신에게 물으실 것입니다."

나는 꿈꾼다. 대우조선이 그랬듯 국가가 쌍용자동차를 다시 사회적 기업으로 만드는 꿈을. 법원이 이 모든 기록을 면밀히 검토한 후 해고는 무효라고 선고하는 꿈을. 국회의원들이 책임자들을 불러놓고 꼼꼼히 따지는 모습이 텔레비전으로 생중계되는 꿈을. 그리고 그동안의 심리적·물적 피해를 보상함은 물론, 공권력에 의해 상처받은 모든 이에게 보상을 해주라는 명령을 내리는 꿈을. 그들이 일터로 가면서 쌍용자동차라고 적힌 점퍼를 입고 아내에게 손 흔드는 꿈을.

그러면 이 책을 쓴 나는 트위터를 통해 내가 차를 바꿀 때 다음 차는 틀림없이 쌍용 자동차로 바꾸겠다는 서약을 하고, 나와 뜻을 같이하는 사람들도 서약을 하고, 그리고 복직되어 돌아간 일터에서 그들이 생산하는 그 자동차를 우리가 사랑하게 되는 꿈을!

그때는 살았다고 믿었던 죽은 자들과 그때는 죽었다고 믿었던 죽어가는 자들을 위해 커다란 콘서트가 열리는 꿈을. 그러면 우리는 더는 눈물 흘리지 않고 손을 잡고 말할 수 있으리라.

마지막으로 여기 그분들의 이름을 부르려 한다. 원하지 않는 분들은 모두 가명으로 처리했다. 지난 5월 어느 무덥던 날 쌍용자동차 해고자 고동민 씨가 이들의 이름을 불렀다. 그날 그들의 눈에 흘러내리던 눈물이 지금 이 순간 내 눈에도 흐른다. 그것은 분명 그들이 뿜어대던 어떤 최루액보다 진한 것이다.

오창석, 엄인규, 김태훈, 장성훈, 김지운, 박지수, 김동찬, 서미영, 최준호, 김현섭, 황창원, 서강철, 임성준, 조성하, 강명완, 고창대, 김철경, 윤익태, 오미희, 강무인, 민우영, 이윤섭

이들은 모두 아침저녁으로 마주치며 인사를 건네던 다정한 우리의 이웃이자 친구였다. 해고도 없고 차별도 없고 폭력도 없는 나라에서 영원한 평화를 얻으시길.

함께 살자. 함께!

고맙습니다

이 책은 수많은 분이 함께 만들었다.

쌍용자동차 이야기에 동시대인으로 함께 아파하고 그 진실을 알리기 위해 많은 분이 이미 쓴 기사나 칼럼, 인터뷰 등의 인용을 무상으로 허락해주셨다. 정신과 전문의 정혜신 씨, 쌍용자동차 노조 기획실장 이창근 씨, 시사평론가 정관용 씨, CBS 및 〈CBS 라디오 시사자키 정관용입니다〉 관계자 여러분, 조희연 성공회대 NGO대학원장, 우희종 서울대 수의과대 교수, 한지원 사회진보연대 노동자운동연구소 연구실장, 김태욱 금속노조법률원 변호사, 〈미디어 오늘〉 관계자 여러분 및 허완 기자, MBC 관계자 여러분 및 김준석 기자, 〈한겨레〉 관계자 여러분과 허재현 기자, 〈프레시안〉 관계자 여러분과 허환주 기자, 채은하 기자, 〈오마이뉴스〉 관계자 여러분과 권병주 기자, 김도균 기자, 최지용 기자, 경향신문 이서화 기자, 인권 활동가 미류 씨, 송경동 시인, 정호승 시인, 노동자역사 한내, 쌍용자동차 해고 노동자와 가족들을 위한 심리치유센터 '와락' 등 여러분께 감사드린다.

인간사냥의 그날을 정면에서 보게 해준 전 YTN 노조위원장 노종면 기자와 〈돌발영상〉 관계자 여러분, 노동법과 정리해고법안 등에 대해 알기 쉽게 설명해준 조국 서울대 법학전문대학원 교수의 자문도 글을 쓰는 데 큰 도움이 되었다.

쌍용자동차 투쟁에 함께했던 금속노조 경기지부 교육선전부장 조건준 씨, 금속노조 단체교섭실장 김혁 씨, 민주노총 대외협력국장 박병우 씨가 자료 제공과 함께 일지를 세심하게 손보아주셨다.

대한문 앞에서 매주 월요순례를 하며 쌍용차 희생자들을 위한 시국미사를 드리고 있는 천주교정의구현전국사제단과 평택에서 매주 미사를 드리는 수원교구 공동선실현사제연대 신부님들, 노동자들의 절규가 있는 현장에 늘 함께하는 꼰벤뚜알 프란치스코 수도회 서영섭 신부님, 쌍용자동차 해고 노동자들과 함께하는 "함께 살자" 희망지킴이, 그리고 대한문 앞과 평택역 앞의 분향소를 지키는 쌍용차 동지 여러분이 계시기에 이 힘겨운 글을 마무리할 수 있었다.

이분들 모두 이 책의 공저자들이다.

만화가 박건웅 씨가 북트레일러 원화를 제공해주셨고, 이후 진행할 북콘서트 행사에 탁현민 교수가 열정을 쏟을 것을 약속했으며, 들국화는 헌정 콘서트를 준비 중이다. 전 〈노동과 세계〉 사진기자 이명익 씨가 사진을, 스티브 씨가 제 프로필 사진을 제공해주셨다. 감사의 인사를 드린다.

책의 편집과 디자인, 그리고 마케팅까지 휴머니스트가 나서주었다.

멋진 책으로 펴내주고 이익금의 전액을 기부하는 데 동참한 김학원 대표, 함께한 이상용, 위원석, 이영란, 김선경, 정미영, 최세정, 황서현, 문성환, 나희영, 임은선, 박민영, 박상경, 이현정, 최윤영, 조은화, 전두현, 정다이, 김태형, 유주현, 구현석, 이한주, 하석진, 김창규, 이선희, 조다영, 함주미 씨 등 출판사 여러분께도 감사드린다.

이 책을 읽는 독자 여러분 또한 〈의자놀이〉의 재능기부자이다. 쌍용자동차 해고 노동자 문제를 해결하는 희망의 길은 결국 독자 여러분에게 달려 있다. 나 역시 이제 잠시 이 책의 저자로 짊어졌던 짐을 내려놓고 독자로서 여러분과 함께하겠다. 독자 여러분께 진심으로 감사드린다.

2012년 7월

공지영

함께합시다!

쌍용자동차 해고 노동자 문제 해결에 독자 여러분의 연대를 호소합니다. 작은 노력들이 모이면 상처로 마음을 닫고 외로워하는 쌍용자동차 노동자와 그 가족들에게 큰 위로가 될 것입니다.

쌍용자동차 희생자 추모 및 해고자 복직 범국민대책위원회 사이트에서는 쌍용자동차 그간의 기록과 대책위의 활동을 한눈에 볼 수 있습니다. 심리치유센터 '와락'에서는 다양한 형태의 기부로 쌍용자동차 노동자들과 함께할 수 있고요. 가까운 '희망식당 하루'를 찾아 맛있는 밥 한 끼 먹으면서 희망을 나눌 수도 있습니다. 《의자놀이》 공식 트위터와 페이스북은 늘 열려 있습니다. 어떤 아이디어도 좋습니다. 쌍용자동차 사건을 알리고 그들을 보듬어 우리가 함께할 수 있는 것이라면, 무엇이든 제안하고 나눠주세요. 후원 계좌로 보내주시는 후원금은 이 책의 인세, 판매 수익금과 함께 쌍용자동차 해고 노동자들에게 전해집니다.

그리고 지금, 이 책을 들고 있는 독자 여러분의 온기도 모두 전달될 거예요. 오래 함께합시다!

쌍용자동차 희생자추모 및 해고자복직 범국민대책위원회
http://victory77.jinbo.net

쌍용차 해고노동자와 가족들을 위한 심리치유센터 '와락'
http://thewarak.com
http://cafe.daum.net/warakmoa

희망식당 하루
1호점 7호선 상도역 1번 출구 50m 앞 실내포차 매주 일요일 12:00~22:00 운영
2호점 6호선 상수역 4번 출구 앞 춘삼월 매주 월요일 12:00~22:00 운영
희망식당 하루 공식 트위터 http://twitter.com/hopeharu

의자놀이 공식 트위터
http://twitter.com/musical_chair

의자놀이 공식 페이스북
http://www.facebook.com/musicalchair2012

후원 계좌
국민은행 822401-04-060355 이종회(의자놀이)

※ 이 계좌는 "함께 살자" 희망지킴이에서 쌍용자동차 해고 노동자 후원을 위해 개설한 통장입니다.

함께합시다

쌍용자동차, 그날의 기록

상하이차로의 매각과 1차 정리해고 저지 투쟁

2005. 1. 27. 상하이차에 매각됨

쌍용차에서 대우로, 대우에서 다시 쌍용차로, 그리고 상하이차로. 쌍용차의 역사는 모기업의 운명이 바뀔 때마다 매각과 인수되는 고질적인 '대기업 중심의 기업구조'를 보여줬다. 그리고 이것은 비극의 서막이었다.

상하이차는 쌍용차 인수 당시 노동조합과 노사합의서를 체결했다. 첫째, 평택 공장 30만 대 생산설비 증설 및 신규 프로젝트를 위한 중장기 계획을 추진하며, 둘째, 회사에 근무하는 모든 노동자의 고용을 승계한다는 것이었다.

2005~2006 기술 유출의 본격화

- S100프로젝트: 상하이차는 쌍용차를 인수한 이후 처음 약속은 지키지 않은 채 기술 유출을 본격화하기 시작했다. 중국 현지에 카이런 엔진공장을 쌍용차와 상하이차 합작으로 설립하고, 카이런을 중국 현지에 적합한 모델로 변경하여 2007년부터 매년 13만 대를 생산한다는 계획인 S100프로젝트가 그 시작이었다. 그 계획은 노조의 반대로 무산되었다.

- L프로젝트: 쌍용차가 보유하고 있는 카이런 생산 기술과 제조 기술을 이전받은 상하이차가 카이런을 개조하는 방식으로 새롭게 설계된 SUV 차량을 중국 현지에서 제조하고 판매하는 L프로젝트를 노조와 협의조차 없이 일방적으로 강행했다. 이때부터 본격적으로 기술 유출이 시작되었다.

2006. 7. 적자 심화에 따른 구조조정 개시

쌍용차에 대한 투자는 거의 없이 기술 유출만 이루어진 결과 2004년까지 흑자를 기록했던 쌍용차는 2005년에는 당기 순손실이 1,033억 원에 달했으며 2006년에는 1,959억 원의 순손실을 기록하게 된다. 그 결과 적자 경영을 이유로 2006년 7월 10일 986명에 대한 1차 정리해고를 발표한다.

2006. 8. 16.~8. 30. 옥쇄파업 돌입 및 정리해고 철회
986명의 정리해고에 대해 당시 노조 집행부가 8월 16일부터 옥쇄파업에 돌입했다. 15일에 걸쳐 계속된 옥쇄파업 결과 정리해고를 철회하는 것에 합의하면서 다시 고용안정 협정서 체결과 함께 매년 3,000억 원 투자를 약속했지만, 이것이 지속적으로 지켜질 것이라 확신한 사람은 별로 없었다.

지속적인 기술 유출과 신임 집행부의 탄생

2008. 10. 27. 비정규직 374명 강제 휴직
협조적인 정일권 노조 집행부와 회사는 전환배치에 합의한다. 이로써 비정규직 374명이 강제 휴직에 들어가게 되었고, 며칠 뒤 비정규직 희망퇴직을 재협의하여 합의에 이른다. 11월 즈음 복지가 전면 중단되어 학자금은 물론이고, 하다못해 야간 근무자에게 제공하던 라면과 요구르트도 중단됐다. 그러나 임기 말기였던 정일권 노조 집행부는 이렇다 할 대응을 하지 않았다.

2008. 12. 5. 한상균 지부장 당선
경영 위기와 고용이 불안한 가운데 제2기 임원 선거를 조기에 진행해 한상균 지부장이 당선되었다. 한상균 노조 집행부는 2009년 1월부터 임기가 시작되지만 경제 위기를 빌미로 한 사측의 노동자 탄압 공세에 맞서 12월 10일 근무 첫날부터 천막 농성을 벌였다.

2008. 12. 17. 기술 유출 의혹 제보

개발 중인 신차 C-200의 기술 유출 의혹 제보가 들어왔다. 노조는 불법적인 복지 중단, 일방적인 휴무 강행 등을 규탄하는 집회를 열었다. 사측은 12월 17일부터 1월 4일까지 휴업을 통보했다.
C-200 프로젝트에 대한 추가적 기술 유출은 쌍용차의 적자를 더욱 심화시켰다. 그 결과 2007년에는 소규모 흑자로 돌아섰지만 2008년에는 7,000억 원 이상의 적자를 기록했다.

법정관리 신청에 따른 현장 공세의 강화

2009. 1. 8.~1. 9. 법정관리 신청

쌍용차 이사회는 상하이차 본사에서 경영 정상화 방안을 논의했으며 결국 쌍용차 기업회생절차(법정관리)를 신청하는 결론에 다다랐다. "법정관리 신청은 기업 회생에 그 목적이 있고 상하이차는 기업 회생을 위해 대주주로서의 역할을 할 의지가 있다."라고 언론에 밝혔다.
상하이차는 법정관리 신청과 함께 희망퇴직의 시행, 순환휴직(평균 임금 70%에서 50%로 축소 지급), 향후 2년간 임금삭감(최고 30~10%),

승격·승호·채용 동결, 복지지원 잠정 중단 등을 결정하면서 현장에 대한 공세를 본격적으로 진행하기 시작했다.

2008년부터 계속된 적자에 대해 상하이차는 법정관리 신청을 통해 책임을 한국 정부에 떠넘기고, 고통 분담 논리를 바탕으로 노조와 현장을 압박하는 등 두 가지 측면에서 돌파구를 마련한 것이다.

2009. 1. 12. **상하이차 규탄 기자회견**

한상균 지부장 명의로 '상하이차 먹튀 자본의 책임 끝까지 묻겠습니다. 정부는 책임지고 생존권을 보장해야 합니다.' 라는 담화문을 발표하고 기자회견을 가졌다. 그는 2009년 1월 9일은 중국 기업 상하이차 자본이 한국 기업 쌍용차를 철저히 유린한 날이며, 법원의 관리인 선임에 노조의 의견이 반영될 수 있도록 하는 모든 투쟁을 전개하겠다고 밝혔다. 현 경영진은 법정관리인에 선임될 수 없음을 분명히 한 것이다.

2009. 2. 6. **법정관리 승인**

채권자도 아닌 채무자가 법정관리를 신청하는 이례적인 일이 벌어져 보수 언론에서조차 상하이차의 무책임성을 비난했다. 하지만 서울지법 파산4부는 2월 6일 기업회생절차 신청을 받아들임으로써 쌍용차에 대한 법정관리를 승인하고 법정관리인으로 이유일과 박영태를 선임했다. 노조는 재무, 회계, 기획을 총괄했던 상하이차의 철저한 하수인이

자, 그들의 투자 약속 불이행과 기술 유출을 방조하고 묵인한 책임이 그 누구보다 큰 박영태 상무의 공동관리인 선임에 대해 반대 입장을 밝혔다.

총고용 보장을 위한 쌍용차 노조의 노력

2009. 4. 7. 쌍용차 노조의 자구안 발표

대내외적으로 적지 않은 비판을 받았음에도 정리해고만은 피하려던 쌍용차 노조는 다음과 같은 자구안을 발표했다.

첫째, 부실경영의 책임을 지고 상하이차가 갖고 있는 51.33%의 지분을 소각하고, 둘째, 일자리 나누기로 총고용을 보장하며, 셋째, 비정규직 고용안정기금으로 쌍용차 노조가 12억 원을 출연하며, 넷째, C-200 긴급자금, R&D 개발자금으로 쌍용차 노조가 1,000억 원을 담보로 제공하며, 다섯째, 산업은행은 우선회생 긴급자금을 투입할 것을 요구했다.

쌍용차 노조는 총고용 보장을 위한 해법으로 일자리 나누기라는 기조 아래 하루 8+8 주·야간 2교대 체제에서 5+5 3조 2교대 체제로 바꾸자고 제안했다. 여기에서 한 발 더 양보하여 4+4를 통해 휴업이 없는 정상 조업을 주장했지만 사측은 일관되게 야간조 휴업안인 8+0을 고집했다. 사측의 주장은 노동자의 일부를 휴업으로 전환하면서 정리해고를 위한 해고 회피 노력을 했다는 대외적 명분 쌓기용에 불과했다. 결국 노조의 강력한 반대에도 사측이 자신들의 주장을 관철해나가면서 공식적 대화 창구는 사라졌으며, 이후 중앙노동위원회에서 특별단체교섭을 속개하라는 조정 중재를 시도했지만 사측은 이마저도 거부하면서 정리해고의 수순을 밟아나갔다.

2009. 4. 8. **2,646명 정리해고안 발표와** 첫 번째 죽음

쌍용차 회생안이 발표되었다. 전날 쌍용차 노조가 자구안을 발표했는데도 사측은 전체 노동자 37%에 이르는 2,646명 감원 계획을 밝혔다. 신차 C-200과 관련한 300~400여 명에 대해서는 순환휴직, 운휴자산 매각 등으로 단기 유동성 확보 계획을 발표했다. 노동자의 희생을 강요하는 일방적인 결정이었다. 사측의 정리해고 계획에 대해 4월 9일 쌍용차 노조는 임시대의원 대회를 열어 만장일치로 쟁의행위를 결의했다. 또한 4월 13~14일 조합원 총회를 개최하여 압도적 찬성률로 총파업을 결의한다.

같은 날, 쌍용자동차 비정규직 노동자 오창석 씨가 스스로 목숨을 끊었다. 반쪽짜리 노동자로 살아온 비정규직 노동자에게 정리해고는 남은 반쪽마저 뺏기는 고통이었을 것이다.

정리해고 신고와 쌍용차 노조의 대응

2009. 5. 8. **2,405명 정리해고 신고**

사측은 노동부에 2,405명에 대한 정리해고 신청서를 제출했다. 노조 대표단은 노동부를 찾아가 "팩스 한 장으로 2,405명 해고신고서를 받아주는 것이 노동부의 역할이냐."라고 항의했다. 이에 노동부가 "아쉽다."라고 말하자 한 노동자는 눈물을 글썽이며 "우리는 목숨이 잘렸는데 아쉽다는 표현이 말이 되느냐? 국민의 세금으로 월급을 받는 노동부가 노동자의 정리해고를 수수방관하고 있다."라며 격분했다. 이날은 어버이날이었다.

2009. 5. 13. **평택공장 70미터 굴뚝 농성 돌입**

정리해고가 철회되지 않는 한 내려오지 않겠다는 결의로 새벽 4시, 70미터 상공 도장라인 굴뚝에 세 사람이 올랐다. 쌍용차 지부 김을래 부지부장, 정비지회 김봉민 부지회장, 비정규직지회 서맹섭 부지회장이 그들이다. 그들은 86일간 70미터 상공에서 77일 옥쇄파업을 내려다보며 고독한 일상과 싸워야 했다.

정리해고 확정 발표가 있은 뒤, 비정규직과 정규직 노동자 셋은 나란히 70미터 높이의 굴뚝에 올랐다. 처음 사다리를 오르던 날, 그들은 86일 동안이나 그 높은 곳에 있을 거라는 생각을 했을까.

옥쇄 총파업 돌입

2009. 5. 22. 전면총파업 돌입

오후 3시 30분 쌍용차 노조와 금속노조는 '정리해고 분쇄, 구조조정 저지, 총고용 보장, 경제위기 극복을 위한 금속노조 5대 요구안 쟁취' 결의대회를 열었다. 회사의 회유와 협박에도 불구하고 1,000여 명의 조합원들이 참여했고, 참여자 수는 계속해서 늘어났다.

2009. 5. 27. 2번째 죽음

엄인규 씨가 신경성 스트레스로 인한 뇌출혈로 사망했다. 41세의 젊은 나이였다. 그는 2009년 정리해고 명단에 포함되어 있지 않았지만 함께 일했던 동료들이 해고되어야 한다는 사실에 많이 힘들어했다.

2009. 6. 2. 정리해고 통보

사측은 5월 31일 직장폐쇄에 이어 2일에는 정리해고 1,056명의 명단을 우편으로, 3일에는 6월 노조 팩스로 발송했다. 쌍용차 정비지회 조합원에 대한 정리해고 통보가 개별 문자 메시지로도 발송되었다. "전화를 안 받아 문자 보냅니다. 근로계약 해지통보서가 발송되었습니다. 죄송합니다. 팀장."

2009. 6. 10. 관제 데모의 시작

임직원과 파업 미참여 조합원들을 동원한 사측의 관제 데모가 시작됐다. 이른바 '쌍용차 정상화 촉구 결의대회'였다. 이후 사측은 용역 깡패를 동원하는 등 갖은 방법으로 관제 데모를 이어나갔다.

2009. 6. 11. 3번째 죽음

김태훈 씨가 허혈성 심근경색으로 사망했다. 사측은 관제 데모에 참여하지 않으면 징계위원회에 회부하겠다며 고인을 협박했고, 파업에 참여하지 못해 미안해하던 고인에게 상당한 정신적 압박을 줬다. 관제 데모가 시작된 바로 다음 날에 벌어진 일이었다.

2009. 6. 21. 4번째 죽음

쌍용차 하청업체 노동자였던 장성훈 씨가 생활고에 시달려 자살했다. 하청업체 노동자이기에 그는 이중고를 겪으며 더 큰 절망의 시간을 보냈을 터이다.

2009. 6. 26. 총파업 이후 첫 충돌

사측은 긴급 기자회견을 통해 '희망퇴직과 분사' 최종안을 일방적으로 발표했다. 노조는 사측이 제시한 안은 일고의 가치도 없는 정리해고 강행의사의 재확인에 불과하다며 수용하지 않을 것을 천명했으나, 사측 임직원 3,000여 명이 오후 3시부터 공장 난입을 시도해 곳곳에서

ⓒ이명익

동료가 살겠다고 데모를 하는데, 어제까지 함께 웃고 일했던 자들이 쇠파이프를 들고 볼트를 쏘아댄다. 1%의 이익을 위해 99%끼리 싸움을 붙이는 게임이다. 잔혹한 의자놀이다.

노조와 충돌했다. 오후 5시 30분 사측은 용역 깡패를 앞세워 본관 건물을 장악했다.

용역과 구사대가 본관을 점거한 이후부터 쌍용차 공장은 사측과 파업 조합원이 동시에 존재하는 상태가 지속되었다. 그러나 이러한 상태는 오래 지속될 수 없었다. 6월 26일 이후 사측은 조립 3, 4팀과 C-200 공장을 집중적으로 공략해 들어왔다. 이때부터 농성 조합원들의 분노가 폭발하기 시작했다. 본관 점거도 부족하여 농성거점을 공격하는 사측의 용역 깡패와 구사대에 대한 단호한 방어와 역공격이 개시되면서 사측의 도발적인 공세를 물리쳤다.

2009. 7. 2. 5번째 죽음

희망퇴직 후 경제적 고통을 겪던 김지운 씨가 번개탄을 피워놓은 차 안에서 사망했다. 고인은 사측의 강요로 희망퇴직을 한 후 경제적으로 힘든 생활을 해왔다.

2009. 7. 3. 연대세력 고소

사측은 쌍용차 금속노조 위원장 등 '외부세력' 62명에 대한 고소를 단행했다. 법원의 강제집행도 개시되었다.

2009. 7·17. 수면가스 진압 계획 보도

〈MBC 뉴스데스크〉 집중취재에서 '쌍용차 사측 가스 살포 진압계획'

이 폭로되었다. 19일 민주노총은 기자회견을 열고 쌍용차 노조가 입수한 사측의 노조 탄압 계획이 담겨 있는 이메일을 공개했다. 강경책, 진압책, 회유책, 홍보 등의 내용으로 구성된 이 이메일은 11일 회사 내부 간부들을 중심으로 일괄 발송된 것으로 알려졌다.

공권력의 진압작전 개시

2009. 7. 20. 경찰병력의 투입과 6번째 죽음

경기도 경찰청장 기자회견 후 곧바로 경찰병력이 쌍용차에 투입되었다. 오전 9시경 34개 중대와 굴삭기, 크레인 등 모든 장비를 동원해 공장을 침탈했다. 용역 깡패도 틈틈이 침탈을 노렸다. 오후 2시경 소강상태로 접어들기까지 곳곳에서 충돌이 있었다.

12시경 노조 정책부장의 아내 박지수 씨가 스스로 목숨을 끊었다는 소식이 전해졌다. 사측의 협박과 회유로 인한 자살이었다. 고인은 자살하기 전 남편과의 전화 통화에서 "보고싶으니 잠깐만 왔다가라."고 했지만 경찰의 봉쇄로 공장 밖으로 나갈 수 없던 남편은 미안하다는 말밖에 할 수 없었다. 그것이 마지막이었다.

2009. 7. 21. 계속되는 최루액 살포와 단수

경찰은 헬기로 2,042리터의 최루액을 살포했다. 경찰과 용역 깡패, 그

한 번 띄우는 데 600만 원이 든다는 헬기는 낮과 밤을 가리지 않고 떠 있었다. 거대한 쇳덩이는 조합원들에게 심리적 압박감과 소음을 주고, 수면을 방해했으며, 비닐봉지에 담긴 최루액을 선사했다. 10년 동안 창고에서 썩고 있던 최루액이었다.

리고 구사대가 후문, 공사장, 자재창고를 거쳐 프레스 공장까지 진입해왔다. 일부는 차체 1팀으로 들어와 망을 보며 복지동, 도장공장 진입을 준비했다. 이곳에서 새벽까지 치열한 충돌이 벌어졌다. 사측은 단수에 이어 소화전마저 차단했다.

2009. 7. 22. 테이저건 사용과 치졸한 심리전

새벽 3시 용역으로 보이는 괴한 20명이 가족대책위 천막을 습격해 기자 한 명과 시민 한 명을 폭행하고 천막을 부수었다. 주변에 경찰이 있었지만 손 놓고 있었다. 평택에서 열린 민주노총 총파업 결의대회에 3,000여 명이 참여했다. 이들은 경찰의 강경진압, 단수, 소화전 차단, 음식물 차단, 의료진 차단 등 살인 진압에 대한 항의 시위를 전개했으며, 이 과정에서 경찰이 쏜 테이저건에 맞아 조합원이 얼굴과 다리 등에 상해를 입었다.

동서남북에서 동시에 전개되는 공권력의 파상적인 진압작전에도 조합원들이 물러서지 않으면서 장기화되는 양상을 보이자 경찰은 물리적 공격과 함께 심리전을 병행했다. 새벽녘까지 고성능 방송차를 동원한 선무방송을 진행하는 것 외에도 야음을 틈타 전투경찰의 행동개시 제스처 등으로 조합원들을 극도로 예민하게 만들었다. 그뿐만 아니라 거짓 부고 문자 메시지까지 동원하는 등 조합원들을 뒤흔들고자 했다.

ⓒ 이명익

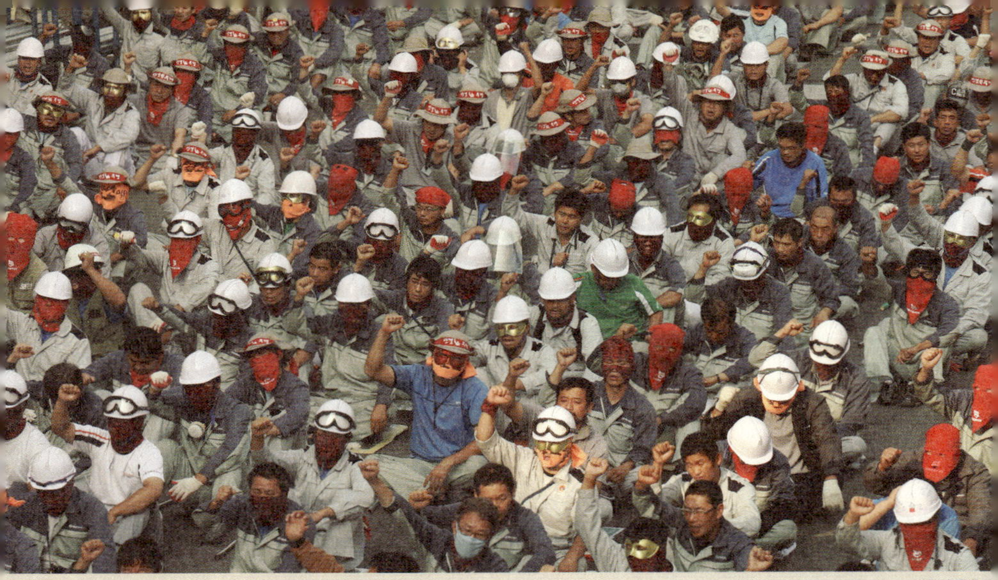

쌍용차 노조는 어려움 속에서도 동지들끼리 우애를 다지며 잘 버티고 있었다. 경찰과 사측은 아직도 흔들리지 않고 있는 조합원들을 압박하기 위해 단수와 단전을 요청한다. 의료진 출입도 막았다.

ⓒ 이명익

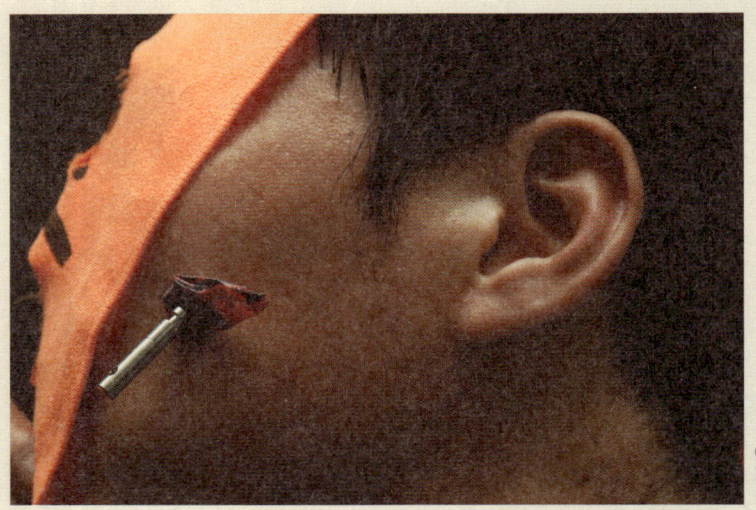

마침내, 그들은 국제사면위원회에서도 사용을 금지하는 테이저건을 쏘았다. 낚싯바늘처럼 생긴 테이저탄이 몸에 박히면 순간적으로 5만 볼트의 전류가 흘러 사람을 마비시킨다.

2009. 7. 27. 국가인권위원회에 긴급구제 신청

아침 도장공장 앞에서 700여 명의 조합원들이 모여 '총파업 투쟁 승리를 위한 전 조합원 결의대회'를 열었다. 그리고 오전 11시 도장공장 지붕에서 기자회견을 열고 정부와 사측과 만나 대화와 교섭에 임하겠다고 밝혔다. 한편, 민주노총은 국가인권위원회에 긴급구제를 신청했다.

끝장 교섭과 최후의 전투

2009. 7. 30. 교섭 시작

쌍용차 노사는 파업 42일 만에 평택 공장 내 컨테이너에서 교섭을 시작했다. 국가인권위원회는 농성 중인 쌍용차 노동자에게 식수와 의약품을 반입토록 하는 긴급구제 권고를 결정하고 경기지방경찰청장에게 이 내용이 담긴 긴급구제 조치를 권고했다.

2009. 8. 2. 교섭 결렬과 전기 공급 중단

사측은 7차 본교섭에서 교섭 결렬을 선언했다. 그리고 이틀 뒤 도장공장에 전기 공급을 중단한다고 발표했다. 물, 음식, 의료진을 허용하라는 국가인권위원회의 구제 요청도 "노조원들이 언제든 밖으로 나올 수 있다."라며 거부했다.

2009. 8. 4. 충돌로 인한 부상자 속출

오후 1시 30분 경찰, 용역, 구사대가 도장공장에 진입을 시도했다. 차체1팀, 차체2팀, TRE동 지붕에서도 충돌이 일어났다. 노조, 사측, 경찰 모두 부상자가 속출했으며 부상자는 150명에 이르렀다.

2009. 8. 5. 최후의 전투와 폭력적 진압

새벽 4시 30분 경찰 병력이 진입을 시작했다. 차체2팀, 조립 3·4팀 지붕에서 도장공장을 향해 밀고 들어왔다. 조립 3·4팀 지붕에 특공대를 태운 컨테이너가 상륙했고 무차별 구타와 연행을 감행했다. 경찰특공대 100여 명, 경찰병력 1,000여 명이 배치되었다. 경찰은 도장2공장을 제외한 주요 시설물을 확보했다. 화재가 발생했는데, 소화기로 진화되지 않자 수석부지부장이 불을 꺼야 한다고 사측에 급하게 연락했다. 사측은 꼼짝도 않다가 소화전을 연결했다. 공장 전체가 화마에 휩싸일 수 있는 긴박한 상황에서도 구사대는 불을 끄고 있는 조합원들에게 볼트를 날렸다. 도장공장 화재 위험, 부상자 발생, 이탈자 증가 등의 상황에서 한상균 지부장은 노사 교섭을 요청하기로 결정했다.

2009. 8. 6. 최후 협상, 그리고 즉각적인 약속의 파기

쌍용차 노사는 정오부터 최후 협의를 시작해 '무급휴직 48%, 희망퇴직 52%'에 합의했다. 저녁 9시 조합원들이 평택 공장을 나왔다. 합의서에는 "형사상 고소·고발은 취하하고 회생계획의 인가가 이루어지는

ⓒ 이명익

경찰특공대를 태운 맞춤형 컨테이너 박스는 조합원들 머리 위 5센티미터까지 내려왔다 올라가며 생명을 위협했다. 조합원들이 물러서는데도 경찰들은 곤봉, 3단봉으로 구타했다. 도망치던 노조원 3명이 추락했다.

ⓒ 이명익

쓰러진 노동자 한 명을 향해 경찰 여럿이 달려들었다. 경찰에 대항하는 조합원이 아니라 무장해제당한 사람을 상대로 한 무자비한 폭력이었다.

경우 취하한다."라고 되어 있지만 잉크가 채 마르기도 전에 경찰은 96명을 연행했다. 200억 원이 훨씬 넘는 민사상 손해배상청구소송 등을 통해 조합원들을 압박해왔다. 한편, 굴뚝에서 농성을 하던 세 사람도 땅으로 내려와야 했다. 마무리 집회에 참여하려던 그들은 당초 약속과 달리 헬기에서 경찰차로 바로 호송되었다.

해고는 살인이다

2009. 8. 20. 강압적 수사가 빚은 자살 기도
천수일 씨가 경찰 조사를 받은 후, 동료들에게 미안한 마음을 유서로 남기고 약물 자살을 기도했다. 강압적이고 비인도적인 경찰 수사가 자살 기도의 원인임이 밝혀져 사회적 파장을 일으켰다.

2009. 9. 8. 민주노총 탈퇴 투표와 어용노조 구성
농성이 끝나자마자 공장에 진입한 사측은 불참 조합원들을 동원하여 쌍용차 노조가 금속노조에서 탈퇴하도록 총회 투표를 진행시킨 뒤 사측에 협조할 수 있는 어용노조를 만들었다. 어용노조가 할 수 있는 일은 아주 명백했다. 이후 현장에서 노동강도 강화와 관리직에 의한 철저한 현장 통제가 이루어졌지만 어용노조는 이를 모두 묵인한 채 오직 회사의 매각이 순조롭게 진행되도록 협조했다.

2009. 11. 14. 쌍용차 정리해고자 특별투쟁위원회 출범

회사에서 밀려난 정리해고 조합원과 희망퇴직자, 그리고 무급휴직자, 징계해고자 등이 중심이 되어 새로운 투쟁을 결의하고 준비하기 시작했다. '정리해고자 특별투쟁위원회'를 결성해 공장 앞에 거점을 설치하고 지역과 전국을 순회하며 끈질긴 투쟁을 시작했다.

2010. 2. 20. 7번째 죽음

대의원 김동찬 씨는 3주 동안 행방불명되었다가 차 안에서 연탄을 피워놓고 자살했다.

2010. 4. 25. 8번째 죽음

77일 동안 투쟁했던 조합원 임성준 씨의 부인 서미영 씨가 투신자살했다. 남편이 무급휴직자가 된 이후 가족 생계난이 심각했다. 남편의 퇴근 무렵 보고싶으니 빨리 집으로 오라고 전화해 남편은 부랴부랴 집으로 갔다. 남편의 얼굴을 보고 난 고인은 그가 옷을 갈아입으러 간 사이 베란다에서 투신하여 사망했다.

2010. 5. 4. 9번째 죽음

분사된 시설팀 노동자 최준호 씨가 무리한 노동으로 인한 심근경색으로 사망했다.

ⓒ이명익

해고는 살인이다. 정말이다. 그날의 상처는 너무도 깊었다. 해고는 평범한 사람이었던 이들을 한 순간에 깊은 절망의 나락으로 떨어뜨렸다.

2010. 11. 19. 10번째 죽음

김현섭 씨가 심근경색으로 사망했다. 희망퇴직자였던 그는 쌍용차 출신이라는 이유로 취업이 안 되는 상황이 길어지면서 극심한 스트레스에 시달렸다.

2010. 12. 14. 11번째 죽음

희망퇴직자로 쌍용자 노조 조합원이었던 황창원 씨가 자살했다. 왼쪽 다리가 의족인 중증장애인이었던 고인은 1996년 장애인 특별채용으로 쌍용차에 입사했는데, 정리해고 후 재취업의 어려움을 호소했다.

2011. 1. 13. 12번째 죽음

서강철 씨가 차 안에서 연탄을 피워 자살했다. 희망퇴직 후 쌍용차 출신이라는 이유로 평택에서 제대로 된 일자리를 구할 수 없었던 고인은 거제도에 내려가 용접 일로 생계를 유지했다. 불안정한 삶과 어려운 형편으로 이혼을 하고, 두 아이를 혼자 키우고 있었다.

2011. 2. 26. 13번째 죽음

임성준 씨가 사망했다. 그는 2010년 4월 25일에 부인이 투신자살한 무급휴직자 조합원이었다. 두 아이를 두고 그마저 떠났다. 사람들의 마음을 울렸던 13번째 죽음이다.

2011. 3. 1. 14번째 죽음

조성하 씨가 차 안에서 연탄을 피워 사망했다. 유족으로 부인과 세 살, 한 살 난 아이가 있었다.

2011. 5. 10. 15번째 죽음

강명완 씨가 돌연사했다. 고인은 2009년 5월 희망퇴직 후 인력업체에서 일해왔다.

2011. 10. 4. 16번째 죽음

재직자 고창대 씨는 9월 28일 회식 후 귀가하지 않았다. 아내가 실종신고를 했는데, 경찰이 10월 4일 회사 후문 근처 공터에서 자신의 차 안에서 연탄을 피워 사망한 고인을 발견했다.

2011. 10. 10. 17번째 죽음

김철경 씨가 집에서 목을 매 자살했다. 고인은 옥쇄파업 중이던 2009년 7월 중순경 공장을 나간 후 희망퇴직했다. 2010년 10월경 자살을 기도하려는 아들을 어머니가 말린 적이 있었는데, 결국 일 년 후 그는 어머니 앞에 싸늘한 주검으로 발견됐다.

2011. 11. 2. 인도 마힌드라사에 매각됨

쌍용자동차는 다시 인도 마힌드라사에 인수되어 정상 기업이 되었다.

자동차 생산과 판매 대수가 금융위기 이전인 10만 대를 넘어섰으나, 공장에서 쫓겨난 노동자들을 여전히 모르쇠로 일관했다. 쌍용차 인수 이후 투자를 하지 않고 있는 마힌드라사 역시 기술 유출이 우려되는 실정이다.

2011. 11. 8. 18번째 죽음

재직자 윤익태 씨가 10월 29일 실종되었다가 11월 8일 안성휴게소 인근 야산에서 목을 매 숨진 채 발견됐다. 해고나 무급휴직, 희망퇴직도 아닌 구조조정에서 살아남아 공장에서 일하던 노동자의 자살이었다. 유서는 발견되지 않았다.

2011. 11. 10. 19번째 죽음

희망퇴직자 차봉주 씨의 아내 오미희 씨가 사망했다. 파업 후 평택을 떠나 원주에서 생활했는데, 남편은 생계를 위해 천안에서 직장을 다녔다. 아이는 계속 잠만 자는 엄마가 이상해서 깨웠지만 일어나지 않아 그제야 잘못된 것을 알게 되었고, 아빠에게 전화를 했지만 전화기가 고장 난 아빠는 이틀간 전화를 받지 못했다.

2012. 1. 20. 20번째 죽음

프레스 생산팀에서 근무하던 강무인 씨가 심장마비로 사망했다. 파업이 끝난 후 사측은 재고용을 약속하고 계약직으로 근무시켰다. 이후 장비 매뉴얼을 습득한 회사는 고인을 계약해지했다. 정신적인 충격에 심각한 우울증을 겪고 건강이 악화된 그는 잠자던 중 심장마비로 사망했다.

2012. 2. 13. 21번째 죽음

민우영 씨가 당뇨에 합병증으로 사망했다. 연구소에서 근무했던 그는 희망퇴직 후 스트레스가 크게 늘었다. 희망퇴직을 하고서 고인이 할 수 있는 일은 아무것도 없고 지칠 대로 지친 그에게 해고 대상자라는 통보는 사형선고나 마찬가지였다.

2012. 3. 12. 경찰 수사 우수 사례가 된 쌍용차 사태

경찰 수사 우수 사례로 쌍용차 사태가 선정되었다. 전국 수사경찰관을 대상으로 최근 3년간 주요사건 중 '베스트 10, 워스트 10' 후보를 공모했는데 1,192명이 참여한 설문에서 '평택 쌍용차 점거농성 사태 조기 해결'이 베스트 5위로 선정되었다.

2012. 3. 30. 22번째 죽음

77일간의 옥쇄파업에 끝까지 참여했던 활달하고 건강한 조합원이었던 이윤섭 씨가 자신의 임대아파트에서 투신자살했다. 서른여섯 젊디 젊은 그는 유서 한 장 남기지 않았다.

22명이 아까운 생명을 잃었다. 그리고 알려지지 않은 많은 이들이 여전히 해고가 드리운 죽음의 그림자 속에 있다. 더 이상의 죽음은 없어야 한다. 이제 함께 살아야 한다. 함께.

출처 및 참고자료

• 32~35쪽
정혜신 박사·정관용 시사평론가 인터뷰, 〈CBS 라디오 시사자키 정관용입니다〉, 2011.12.29.

• 58~59쪽
이창근, 〈경향신문〉, '쌍용차, 스물두 개의 세계가 사라졌다', 2012. 5. 18.

• 67쪽
한지원, 〈22명을 죽음으로 내몬 회계부정과 기획된 정리해고-쌍용차 정리해고 사태의 원상회복을 위한 보고서〉, 2012. 5. 21.

• 71~72쪽
최원석·조의준, 〈조선일보〉, '쌍용차 노조 상하이차에 손배 청구', 2009. 1. 13.

• 79~82쪽
허완 기자·김태욱 금속노총법률원 변호사 인터뷰, 〈미디어 오늘〉, '쌍용차, 손실 규모 부풀려 정리해고 단행했다', 2012. 6. 4.

• 113~115쪽
김준석, 〈MBC 뉴스데스크〉, '쌍용차 수면가스로 진압 해산 시나리오 파문', 2009. 7. 17.

• 113~115쪽
허환주, 〈프레시안〉, '수면가스 살포 후 진압? 이게 사람이 할 짓인가', 2009. 7. 19.

• 125쪽
권병주, 〈오마이뉴스〉, '평택! 눈물 흘리는 여기자', 2009. 7. 26.

• 126쪽
김도균, 〈오마이뉴스〉, '십년 묵은 최루액 2000리터 쌍용차에 쏟아부었다', 2009. 9. 15.

• 135쪽
허재현 기자 블로그 글, '특공대의 농성장 투입, '살인진압' 같았다', 2009. 8. 5.

• 136~137쪽
채은하, 〈프레시안〉, '쌍용차 진압 때 망치 든 경찰······ YTN 돌발영상 화제', 2009. 8. 7.

• 138쪽
우희종, 〈한겨레〉, '평택에 서서 광주를 보다', 2009. 8. 4.

• 143~144쪽
미류, '그 몸들의 살아 있음', http://blog.jinbo.net/aumilieu/650

• 148~149쪽
이서화, 〈경향신문〉, '정신과 의사 하면서 본 최악의 사례…… 인간 이하의 경험, 씻지 못할 상처로', 2012. 6. 17.

• 150쪽
송경동, 〈참세상〉, '너희는 참 좋겠구나-쌍용자동차 희생 노동자 추모시', 2011. 3. 27.

• 151쪽
조희연, 〈한겨레〉 칼럼, '구원 요청 절규에 반응하지 않는 사회', 2012. 4. 16.

• 154~155쪽
최지용, 〈오마이뉴스〉, 'MB의 뒷북, 유성기업 연봉 7천 논란 재점화?', 2011. 5. 30.

• 157쪽
정호승, 《풀잎에도 상처가 있다》, 열림원, 2002.

• 쌍용자동차 희생자 추모 및 해고자 복직 범국민대책위원회 http://victory77.jinbo.net

• 금속노조 쌍용자동차지부·노동자역사 한내, 《해고는 살인이다》, 한내, 2010.

• 민주사회를 위한 변호사모임 편집, 《쌍용자동차 인권침해 백서》, 2009.

• 쌍용자동차 해법 모색을 위한 학계·종교계·노동계 공동토론회, 〈쌍용자동차 처리방식의 문제점과 대안〉, 2012. 4. 16.

• 홍새라·쌍용자동차 가족대책위원회, 《연두색 여름》, 한내, 2009.

편집자 주 1판 22~24쪽에 실렸던 하종강 교수의 글 중 일부가 이선옥 작가의 글을 인용한 것임을 사전에 확인할 수 없어 재인용 과정에서 원저작자의 이름을 누락하였습니다. 하종강 교수, 이선옥 작가의 요청에 따라 해당 글을 삭제하고 2판에서는 원고를 바꿔 싣습니다.
1판 143~144쪽에 실린 인용글의 저자가 '르포 작가 연정'으로 잘못 표기되는 편집 사고가 있어, 2판에서 '인권 활동가 미류'로 바로잡습니다.

의자놀이

지은이 | 공지영

1판 1쇄 발행일 2012년 8월 6일
2판 1쇄 발행일 2012년 8월 21일
2판 12쇄 발행일 2012년 9월 14일

발행인 | 김학원
경영인 | 이상용
편집주간 | 위원석
편집장 | 정미영 최세정 황서현
기획 | 문성환 나희영 임은선 박민영 박상경 이현정 최윤영 조은화 전두현 정다이
디자인 | 김태형 유주현 구현석
마케팅 | 이한주 하석진 김창규 이선희
저자 · 독자 서비스 | 조다영 함주미 (humanist@humanistbooks.com)
스캔 · 출력 | 이희수 com.
용지 | 화인페이퍼
인쇄 | 정민인쇄
제본 | 정민문화사

발행처 | (주)휴머니스트 출판그룹
출판등록 | 제313-2007-000007호(2007년 1월 5일)
주소 | (121-869) 서울시 마포구 연남동 564-40
전화 | 02-335-4422 팩스 | 02-334-3427
홈페이지 | www.humanistbooks.com

ⓒ 공지영, 2012

ISBN 978-89-5862-525-4 03810

만든 사람들

《의자놀이》 재능기부 특별 프로젝트팀
총괄팀장 | 김학원
기획 | 황서현(hsh2001@humanistbooks.com) 최윤영
편집 | 김선경 이영란
디자인 | 김태형 유주현
홍보 | 위원석 정다이 이선희
마케팅 | 이상용 이한주 하석진 김창규 구현석

• 이 책의 인세와 판매 수익금 전액은 쌍용자동차 해고 노동자들을 위한 후원금으로 기부됩니다.
• 이 책에 쓰인 글과 사진은 저작권자의 허락을 받아 사용하였습니다. 저작권자를 찾지 못한 저작물은 확인되는 대로 다음 쇄에 반영하겠습니다.